Attitud

...ng

모든 것은 자세에 달려 있다

Attitude
is
Everything
모든 것은 자세에 달려 있다

자세를 바꾸면 인생이 달라진다!
Change Your Attitude …
Change Your Life!

제프 켈러 지음   김상미 옮김

아름다운사회
Beautiful Society

내가 꿈을 추구하도록 나를 믿어주고 격려해준
아내 돌로레스에게 이 책을 바친다.

차례

어느 날 밤, 새로운 삶이 시작되다

마음자세를 바꿈으로써
삶을 변화시킬 수 있다는 것은
이 시대의 가장 위대한 발견이다.

- 윌리엄 제임스(William James, 미국의 심리학자)

1980년, 법대를 졸업한 나는 변호사가 되어 평생 그 길을 가겠다고 결심했다. 이것은 내가 대학에 들어가면서부터 바라던 일이었다.

처음에는 모든 것이 내 계획대로 착착 맞아떨어졌다. 졸업한 해에 나는 열심히 공부해서 변호사 시험에 합격했고 뉴욕에 변호사 사무실을 열었다. 그 무렵 의욕이 대단했던 나는 일이 순조롭게 풀려가자 미래가 장밋빛으로 펼쳐질 거라는 꿈에 부풀어 있었다. 특히 1981년 초 법대 동기생

돌로레스와 결혼하면서 성공과 행복이 내 손 안에 있다고 생각했다.

처음엔 정말 그랬다.

그런데 몇 년간 변호사 생활을 하면서 시간에 밀려다니다 보니 어느 순간 내가 전혀 행복하지 않다는 생각이 들었다. 물론 변호사 생활은 내 꿈을 일부나마 충족시켜주었기에 좋았던 순간도 더러 있었다. 뜻하지 않게 불리한 위치에 놓인 사람의 억울함을 풀어줄 때나 사람들이 길고 지루한 법정 싸움에서 벗어나도록 해줄 때는 굉장히 기뻤다.

하지만 변호사라는 직업은 좋은 점보다 싫은 점이 훨씬 더 많았다. 내가 인생을 사는 건지, 아니면 인생이 나를 끌고 가는 것인지 분간하기 어려운 하루하루를 보내며 나는 종종 회의감을 느꼈다. 검토해야 할 산더미 같은 서류, 허점을 파고들기 위한 끝없는 두뇌 싸움 그리고 지루한 기다림에 나는 서서히 지쳐갔다. 때로 재판이 열 번씩 연기되는 황당한 일도 겪으면서 내 에너지는 거의 바닥을 드러내고 있었다.

나 정말 출근하고 싶지 않아

어쨌든 먹고살아야 한다는 명제 앞에서 한없이 소심해진 나는 이를 악물고 버텼다. 얄궂게도 '어쩔 수 없이 해야 한다'는 생각이 들수록 그 일이 더욱 싫어지는 게 사람의 마음이 아닌가. 나는 터져 나오는 한숨을 꾹꾹 누르며 괜찮은 척했지만 사실은 벗어나고 싶은 마음이 굴뚝같았다. 좋아질 기미가 전혀 보이지 않는 일을 하자니 사는 것 자체가 지긋지긋했다.

혹시 출근하는 것이 너무 싫어서 어딘가로 훌쩍 떠나고 싶은 마음이 들지 않는가. 여러분의 직업이 세상의 짐을 몽땅 여러분의 어깨 위에 얹어놓은 것처럼 어마어마한 압박을 가하지 않는가.

나는 지구를 넘어 우주의 짐까지 다 짊어진 듯했다. 그러다 보니 정신과 육체가 모두 피폐해졌고 늘 잔뜩 찌푸린 탓에 겉모습도 나이에 비해 훨씬 늙어 보였다. 겉모습만 그런 것이 아니라 머리가 항상 지끈지끈 아팠고 속까지 울렁거려 하루하루가 고통스러웠다. 안되겠다 싶어서 병원을 찾아가 온갖 검사를 다 받았지만 검사 결과는 언제나 똑같았다.

'신체적으로 아무 이상 없음!'

어떤 의사는 속이 울렁거릴 때 효과가 있을 거라며 마록스(Maalox, 위장약)를 처방해주기도 했다. 현대 의료 장비는 내 몸에 이상이 없다는 것은 알아냈지만 내가 정신적으로 죽어 있다는 것은 알아채지 못했다. 나는 삶의 모든 것이 무의미하게 느껴졌다. 그저 일상에 떠밀려 습관적으로 시간을 보냈을 뿐 죽어버린 정신은 내 외모까지 비꺼놓았다. 믿기 힘들게도 나는 20대 후반의 나이에 마치 40대 아저씨처럼 보였다!

1985년 초, 나는 원치 않는 족쇄에 매여 완전히 녹초가 된 상태로 30대에 접어들었다. 그러던 어느 날 밤, 홀로 서재에 앉아 있는데 문득 '언제까지나 이렇게 살 수는 없다'는 생각이 들었다. 그렇다고 어떻게 변화할 것인지 구체적인 계획이 있었던 것은 아니지만 나는 큰 소리로 외쳤다.

"뭔가 다른 길이 있을 거야! 이렇게 불행한 삶이 아닌 다른 뭔가가 분명 있을 거야!"

뜻밖의 빙고!

그날 나는 밤늦게까지 서재에서 혼자 TV를 보고 있었다. 시간은 이미 새벽 한 시가 넘었고 아내 돌로레스는 잠을 자고 있었지만 나는 울적한 마음에 잠이 오지 않았다. 리모컨을 만지작거리며 채널을 이리저리 돌리던 나는 뭔가 시간을 때울 만한 것을 찾다가 갑자기 한 광고 방송에 눈길이 꽂혔다. 평소 같으면 곧바로 채널을 돌려버렸을 테지만 웬일인지 그날 나는 그 광고를 계속 보고 있었다.

흥미롭게도 그것은 '마음 은행(The Mental Bank)'이라는 제품 광고였다. 〈브래디 번치(Brady Bunch)〉(대가족의 생활을 코믹하게 그린 미국 드라마)에 출연한 여배우 플로렌스 핸더슨

(Florence Henderson)이 그 제품을 열심히 홍보하고 있었다. 애기를 들어보니 마음 은행은 '인생에서 무엇을 성취하는가'는 우리의 잠재적인 믿음에 달려 있다는 것을 가르쳐주는 가정용 학습 프로그램이었다.

당시 변화하고 싶은 마음이 간절했던 나는 그 프로그램 광고에 귀가 솔깃해졌고 곧바로 신용카드를 꺼내 프로그램을 주문했다. 어찌 보면 충동적인 선택이었지만 나중에 생각해보니 그것은 내 일생일대의 굉장한 사건이었다.

이틀 뒤, 내가 돌로레스에게 그 얘기를 꺼내자 그녀는 너무 놀라 입을 다물지 못했다.

"뭐라고!?"

내가 밤늦게 쇼핑을 했다는 사실이 아니라 충동적으로 교육 프로그램을 구입했다는 것이 그녀에게 충격으로 다가갔던 것이다. 더구나 다른 것도 아닌 TV 광고를 보고 그 자리에서 즉흥적으로 사다니!

드디어 마음 은행 프로그램이 집으로 배달되었고 나는 삶의 질은 마음자세에 달려 있다는 내용에 흠뻑 빠져들었다. 학교에서는 왜 이런 것을 가르쳐주지 않았을까? 나는 성장하면서 한 번도 마음자세가 인생을 좌우한다는 내용을 배운 적이 없었다.

마음 은행 프로그램을 샅샅이 훑어본 뒤 나는 다른 동기부여 자료를 찾아냈다. 그런 다음 나폴레온 힐(Napoleon Hill), 오그 만디노(Og Mandino), 노먼 빈센트 필(Norman

Vincent Peale) 그리고 로버트 슐러(Robert Schuller)의 책을 읽기 시작했다. 지그 지글러(Zig Ziglar)와 얼 나이팅게일(Earl Nightingale)의 카세트테이프도 열심히 들었다. 나는 마치 갈증에 시달리며 며칠 동안 사막을 헤매다가 갑자기 오아시스라도 만난 사람 같았다.

그렇다고 며칠 사이에 내 인생이 완전히 달라진 것은 아니다. 아니, 겉보기에는 달라진 것이 아무것도 없었다. 그러나 나는 점점 부정적인 자세에서 벗어나 긍정적인 사람이 되어갔고 결과적으로 아주 중요한 것을 발견할 수 있었다.

무엇보다 마음이 한결 편안해지면서 나는 활력이 넘쳐흘렀고 전에 꿈조차 꾸지 않던 목표를 하나씩 이뤄 나갔다. 내가 한 것이라고는 마음자세를 바꾼 것밖에 없는데 말이다! 마음의 변화가 외모까지 바꿔놓았는지 사람들이 내 나이를 물었을 때 사실대로 알려주면 그들은 대부분 "나이보다 훨씬 젊어 보이네요"라고 말했다.

이 모든 변화의 출발점은 바로 '마음자세'다!

'몇 년 후에 변호사 일을 그만두자'

변호사로 일하면서 나는 틈틈이 동기부여 프로그램을 공부했고 덕분에 긍정적인 생각을 함으로써 일하는 동안 많은 도움을 받았다. 그런데 그 프로그램에 온통 마음이 쏠린 나는 언젠가 변호사 일을 그만두고 다른 일을 해봐야겠다는 생각을 했다.

그렇게 4년 동안 동기부여 프로그램을 공부한 나는 1989년 지방의 한 고등학교에서 주최한 교육 세미나에 강사로 참가하기로 했다. 성인을 대상으로 한 그 세미나에서 나는 저녁시간에만 강연을 했고 두 시간 강연료로 30달러를 받았다. 나는 그 일이 정말 좋았지만 변호사 일을 그만두기에는 수입이 너무 부족했다.

첫 강연을 하던 날, 청중 앞에 선 나는 온몸이 마비되는 듯한 느낌이 들었다. 심장은 계속해서 쿵쾅거렸고 등 뒤로는 식은땀이 주르륵 흘러내렸다. 그래도 나는 있는 힘껏 용기를 내 강연을 이어갔고 청중도 열의를 보였다. 강연장이 점점 열기를 더해가면서 나는 내 인생은 물론 타인의 인생까지 바꿔줄 수 있는 얘기를 들려주며 아드레날린이 솟구치는 것을 느꼈다.

나는 점점 내가 하고 싶은 일을 향해 한 발 한 발 다가가고 있었다.

> 자신의 변화를 이끄는 힘을 결코 과소평가하지 마라.
>
> – H. 잭슨 브라운 주니어
> (H. Jackson Brown Jr., 작가)

시간이 흐르면서 내 강연료는 서서히 올라갔고 1990년이 되자 나는 몇 년 더 지나면 변호사 일을 그만두어야겠다고 생각했다. 물론 그것은 쉬운 결정이 아니었다. 청소년 시절부터 꿈꿔오던 변호사가 되기 위해 4년 동안 대학에 다니고 또 3년간 로스쿨도 다녔는데 그게 어찌 쉽겠는가! 무엇보다 나는 장장 10년 동안이나 변호사 일을 해왔다. 한 직업에 오랫동안 몸담아온 사람이 그 일을 그만두는 것은 결코 쉬운 일이 아니다. 여러분도 그렇지 않은가?

경제적인 문제도 무시할 수 없는 걸림돌이었다. 변호사로 일하면서 나는 불과 몇 년 만에 10만 달러를 벌었고 계속 일하면 그 이상의 돈을 벌 수 있었으니 말이다.

동기부여 강사가 되다

새로운 직업에서 처음엔 비록 돈을 조금밖에 못 벌었지만 나는 그 돈이 새로운 사업을 위한 초기 투자비용이라는 것을 알았다. 다행히 돌로레스와 내겐 몇 년 동안 모아놓은 돈이 좀 있었다. 나는 수입을 더 늘리기 위해 '애티튜드 이즈 에브리싱(Attitude is Everything, 모든 것은 자세에 달려 있다)'이라는 로고를 새긴 제품들을 팔았지만 그래도 새로운 사업을 시작하면서 발생한 경제적인 손실을 감수해야 했다. 초기 단계에는 수입의 격차가 훨씬 더 컸다.

내 앞에 놓인 선택지는 오로지 '전진'밖에 없었다. 나는 내가 마치 법조계에서 쫓겨나 어쩔 수 없이 새로운 직업을 찾아야 하는 것처럼 열정을 다해 새 일에 몰두했다. 다행히 청중 앞에서 강연을 하거나 동기부여와 관련된 글을 쓸 때마다 열정이 솟구치면서 삶에 대한 의욕이 더욱 강렬해졌다. 그 일은 그야말로 내게 천직이었다.

> 긍정적인 자세는
> 보다 나은 미래를 위해
> 인간에게 주어진 특권이다.
>
> – 작자 미상

나는 점점 더 많은 시간을 새로운 일에 쏟아 부었다. 처음에는 일주일에 4일을 변호사 일에 썼지만 서서히 일주일에 3일, 2일로 줄이다가 마침내 1992년에는 아예 동기부여 연설가와 작가로 나섰다. 내가 변호사 일을 그만두고 동기부여 연설가로 나서겠다고 했을 때 내 어머니는 무척 속상해하셨다. 그동안 아들이 변호사라는 것을 굉장히 자랑스러워했는데 더 이상 그럴 수 없었기 때문이다.

이런 것은 새로운 일을 시도할 때 누구나 넘어서야 할 걸림돌이다. 현실적으로 주변의 모든 사람이 여러분이 선택한 일에 찬성하는 것은 아니다. 나는 2보 전진을 위해 1보 후퇴하는 심정으로 변호사라는 안정된 직업을 과감히 버림으로써 내게 보장된 많은 수입과 특권을 내던졌다.

다행히 내 어머니는 내가 선택한 새로운 직업의 후원자가 되어주었고, 내가 계속 앞으로 나아가고 있음을 알고는 더욱더 적극적으로 지지해주셨다. 나는 새로 선택한 일이 즐거워서 시간 가는 줄 모르고 빠져들었다.

내가 개인적으로 직업을 어떻게 바꿨는지 시도록 강횡

하게 설명하는 이유가 무엇인지 궁금한가? 결코 여러분에게 감동을 주기 위해서가 아니다. 그저 내 인생이 얼마나 극적으로 바뀌었는지 여러분이 함께 느꼈으면 하는 마음뿐이다. 더불어 자세를 바꾼 이후 내 인생이 얼마나 긍정적으로 변화했는지 여러분이 알았으면 한다. 물론 나 역시 새로운 일에서 수많은 시행착오를 겪었지만 그건 충분히 견딜 만한 수준이었다.

내 인생은 한마디로 '애티튜드 이즈 에브리싱'의 살아 있는 증거다!

이 책은 우리에게 어떤 이로움을 줄까?

설령 내 인생이 어떻게 변했는지 관심이 없더라도 이쯤에서 몇 가지만 생각해보자. 여러분이 긍정적인 사람이든 부정적인 사람이든 상관없이 이 책에는 여러분에게 도움을 주는 얘기가 많이 담겨 있다. 지금 당장은 여러분이 부정적인 사람일지라도 실망할 필요가 없다. 여러분이 긍정적인 자세를 갖춤으로써 보다 나은 미래를 성취하고 일생일대의 꿈을 이루도록 이 책이 도와줄 것이니 말이다.

만약 여러분이 이미 긍정적인 자세를 갖추고 있다면 이 책을 통해 훨씬 더 큰 성공과 함께 성취를 이룰 것이다. 나는 지난 20여 년 동안 어떤 사람은 큰 성공을 거두는 반면 또 어떤 사람은 기대에 미치지 못하는 결과를 얻는 이유를 연구해왔다. 그 과정에서 나는 자세나 성공과 관련해 수백 권의 책을 읽고 수천 개의 기사를 탐독했다. 그뿐 아니라 2,000시간 이상 카세트테이프를 들었고 성공 비결을 알아내기 위해 수많은 사람을 만나 대화를 나눴다.

가장 중요한 것은 내가 이 책에 나오는 성공 비결을 내 삶에 직접 적용해보았다는 사실이다. 그러한 체험 덕분에 나는 그 성공 비결이 얼마나 효과적인지 잘 알고 있다. 여기에는 말 그대로 여러분의 삶을 뒤바꿀 수 있을 만큼 엄청난 힘이 내포되어 있다.

> 긍정적인 결과를 기대한다면 열정적으로 생각하고 행동하고 말하라.
>
> – 마이클 르 뵈프(Michael le Boeuf, 《동기부여 전략 [How to Motivate People]》의 저자)

그렇다고 내 말을 오해하지는 마시라. 내가 이 분야에 관해 가장 잘 알고 있다고 잘난 체할 생각은 조금도 없다. 오히려 나 역시 아직은 연구 단계에 있는 사람이라 매일 열심히 배우고 있다. 하지만 부정적으로 생각하는 자세가 어떤 것인지는 아주 잘 알고 있다. 그것은 내가 지난 30년 동안 몸소 체험해본 일이기 때문이다. 자기 자신을 믿지 못하고 능력을 의심하는 것이 어떤 것인지도 알고 있다. 30년 동안 내가 그런 자세로 살아왔으니 당연한 일 아닌가. 이후 내가 경험한 모든 긍정적인 변화는 내가 이 책에서 설명하는 규칙을 직접 실천한 덕분에 얻은 것이다.

생각하고 말하고 행동하라

이 책은 크게 세 장(章)으로 나뉘어져 있는데 각 장마다 몇 가지 교훈을 제시하고 있다. 그러므로 특정 분야를 더 깊이 알고 싶다면 그 장으로 돌아가 다시 읽으면 된다.

'제1장 성공은 마음자세에 달려 있다'에서는 긍정적인 자세의 힘과 여러분의 운명을 설계하는 믿음에 초점을 맞춰 이야기를 풀어가고 있다. 여러분은 분명 성공이 어떤 생각을 하느냐에 좌우된다는 사실을 깨달을 것이다.

'제2장 말을 조심하라'에서는 우리가 평소에 어떤 식으로 말하는지, 그 말이 우리의 자세에 얼마나 영향을 미치는지 그리고 목표를 성취하려 할 때 긍정적인 말이 얼마나 도움을 주는지 살펴본다.

'제3장 하늘은 스스로 노력하는 자를 돕는다'에서는 우리가 나아가는 인생 여정의 최종 목적지를 알아본다. 설령 긍정적으로 생각하고 말을 하더라도 그것을 행동으로 옮기기 전에는 결코 성공에 이를 수 없다. 이에 따라 제3장에서는 꿈을 실현하는 몇 가지 행동 단계를 살펴본다.

우리의 생각, 말, 행동은 인생에 얼마나 큰 영향을 끼칠까? 이제부터 긍정적인 생각, 말의 영향력, 행동의 중요성을 염두에 두고 여러분을 성공과 행복으로 이끌어줄 가이드를 따라 여정을 떠나보자.

제1장 ─────────────

성공은
마음자세에 달려 있다

성공은 곧 마음 상태다. 성공을 원한다면
당신을 이미 성공한 사람으로 여겨라.

- 조이스 브러더스(Joyce Brothers, 대중 심리학자)

Lesson 1

자세는
세상을 바라보는 창이다

몸가짐을 밝고 바르게 하라.
당신의 몸가짐은 세상을 바라보는 창이다.

- 조지 버나드 쇼(George Bernard Shaw, 영국의 극작가 겸 소설가)

오후 한 시 반이 훌쩍 지나자 새라는 몹시 배가 고팠다. 오전 내내 일하느라 정신이 없었던 그녀는 무얼 좀 먹어야겠다는 생각에 근처 식당으로 갔다.

몇 분 뒤 그녀가 앉아 있는 식당으로 샘이 들어왔다. 새라와 마찬가지로 점심을 먹기 위해 식당에 온 샘은 새라의 자리에서 조금 떨어진 곳에 자리를 잡고 앉았다.

그날 오후 새라와 샘은 똑같은 종업원에게 음식 서비스를 받았다. 두 사람 모두 종업원이 주문을 받으러 올 때까지 똑같은 시간 동안 기다렸고, 똑같은 시간이 흐른 후에 주문한 음식이 나왔다. 또한 두 사람 모두 맛있는 요리 덕분에 흡족하게 식사를 한 뒤 종업원이 영수증을 가져다줄 때까지 똑같은 시간을 기다렸다.

하지만 두 사람의 공통점은 여기까지가 전부다.

새라는 밝고 힘찬 걸음걸이로 웃으며 식당으로 들어왔고 무슨 좋은 일이라도 있는 듯 활기차게 인사했다. 그녀의 몸짓과 태도는 그녀가 매우 긍정적이고 낙천적인 사람이라는 것을 한눈에 보여주었다. 새라는 맛있게 점심식사를 했고 종업원과 즐겁게 대화를 나눴으며 몸과 마음을 재충전해서 일터로 향했다.

> 자세는 몸속에서 24시간 내내 작동하는 비밀스런 힘이다.
>
> – 작자 미상

반대로 샘은 잔뜩 인상을 구긴 채 식당으로 들어왔다. 보아하니 오전 내내 그처럼 인상을 쓰고 있었던 것 같았다. 경직된 자세로 몸을 웅크리고 마치 '저리 비켜!'라고 소리라도 지를 듯 들어선 그는 종업원이 주문을 받으러 곧바로 다가오지 않자 화를 냈다. 또한 다 먹고 나서 음식이 맛이 없다고 투덜댔고 영수증을 빨리 가져다주지 않는다고 신경질을 부렸다.

분명 똑같은 식당인데 새라와 샘은 왜 이토록 차이가 나는 경험을 한 걸까? 우리는 여기서 두 사람 모두 똑같은 대접을 받았음을 기억해야 한다. 결론은 간단하다.

새라는 자신의 상황을 긍정적인 자세로 바라보았고 샘은 부정적인 자세로 바라보았다!

긍정적인 자세와 부정적인 자세

자세는 세상을 바라보는 마음의 필터다. 어떤 사람은 긍정적인 필터(컵에 물이 반이나 남았다)를 통해 세상을 바라보지만, 또 어떤 사람은 부정적인 필터(컵에 물이 반밖에 남지 않았다)를 통해 세상을 바라본다. 그러면 긍정적인 자세와 부정적인 자세의 차이를 간단히 살펴보자.

- 긍정적인 사람은 '난 할 수 있어'라고 생각한다.
- 부정적인 사람은 '난 할 수 없어'라고 생각한다.
- 긍정적인 사람은 항상 문제를 해결하려 애쓴다.
- 부정적인 사람은 항상 문제를 끌어안고 살아간다.
- 긍정적인 사람은 남의 장점을 찾으려 한다.
- 부정적인 사람은 남의 단점을 찾으려 한다.
- 긍정적인 사람은 자신이 가진 것을 바라본다.
- 부정적인 사람은 자신에게 없는 것만 찾는다.
- 긍정적인 사람은 가능성을 생각한다.
- 부정적인 사람은 한계를 생각한다.

- 긍정적인 사람은 '할 수 있는 이유'를 말한다.
- 부정적인 사람은 '할 수 없는 이유'를 말한다.

긍정적인 사람과 부정적인 사람의 차이를 따지자면 끝도 없지만 이 정도면 충분히 이해했으리라고 본다. 청중에게 자세와 관련된 이야기를 할 때 나는 종종 머릿속에 그림이 그려질 정도로 생생하게 들려준다. 그러면 그들은 내 얘기를 쉽게 이해하고 기억도 잘한다. 여러분에게도 머릿속에 그림이 그려지도록 자세히 설명하겠다.

누구나 처음에는 깨끗한 창으로 바라본다

자세가 '세상을 바라보는 창'인 이유는 무엇일까? 누구나 처음에는 좋은 자세, 아니 깨끗한 창으로 세상을 바라본다. 해맑은 표정의 어린아이들을 보라. 그들은 늘 큰 소리로 웃으며 즐거워하고 새로운 것에 대한 호기심이 강하다.

이제 막 걸음마를 배우기 시작한 아이의 자세를 한번 생각해보라. 불안정한 자세로 어찌어찌 걷다가 넘어지면 아이는 어떻게 하는가? 먼저 아이가 하지 않는 행동을 말해보자.

아이는 인상을 쓰면서 카펫을 원망하지 않는다. 제대로 가르쳐주지 않는다고 엄마와 아빠를 원망하지도 않는다. 무엇보다 아이는 걸음마를 멈추지 않는다. 오히려 아이는 미소를 지으며 다시 일어서서 또 한 걸음을 내딛는다. 아이는 불평하지 않고 몇 주일간 계속해서 걸음마를 한다. 긍정적인 자세로 제대로 걷게 될 때까지 걷고 또 걷는 것이다.

그때까지만 해도 아이의 창은 티끌 한 점 없이 깨끗하며, 걸음마에 성공한 아이는 마치 세상을 정복하기라도 한 듯 커다란 기쁨을 느낀다.

그런데 어느 순간부터 그 깨끗하던 아이의 창에 이물질이 묻기 시작한다. 성장하는 과정에서 여러 가지 일을 겪으며 아이의 창은 점점 더러워진다.

- 부모님과 선생님의 비판으로 창에 흙탕물이 튄다.
- 친구들의 놀림으로 창이 더러워져 흐릿해진다.
- 거절로 창에 더러운 먼지가 낀다.
- 다시 실망으로 더럽혀지고 의심으로 흐려진다.

문제는 창에 계속해서 더러운 물질이 쌓이는 동안 많은 사람이 아무런 행동도 하지 않는다는 데 있다. 잔뜩 더러워진 창을 통해 세상을 바라보는 동안 그들의 열정은 서서히 식어간다. 급기야 실망하거나 좌절하고 심지어 아예 꿈을 포기하기도 한다. 그 이유는 자신의 창을 닦는 데 실패했기 때문이다.

나 역시 그런 길을 걷고 있었다. 변호사로 일하면서 늘 시간에 쫓기고 있을 때 내 창은 아주 심하게 더러웠다. 그리고 그 일을 하면 할수록 내 창은 더욱 더러워졌다. 난 그저 지치고 고달프기만 했을 뿐 아무런 가능성도 찾지 못했다. 하긴 창이 부정이라는 흙으로 뒤덮여 있는데 어떻게 가능성을 찾을 수 있겠는가.

더러운 창을 깨끗이 닦아라

다행히 나는 운 좋게도 창만 닦으면 된다는 것을 깨달았다! 내 자세만 바꾸면 세상을 다시 깨끗하게 바라볼 수 있었던 것이다. 창에서 더러운 물질을 제거하자 내게 새로운 세상이 열렸다. 더불어 나에게 눌러 붙어 있던 좌절과 의기소침은 멀리 사라지고 보다 많은 자신감이 생겼다. 난생처음 나는 삶이 내게 안겨준 엄청난 가능성을 보았던 것이다.

　나는 직업을 바꾼 뒤에야 내가 진정으로 원하던 일을 할 수 있었다. 즉, 사람들이 내 얘기를 진지하게 받아들이고 그들이 자신의 창을 깨끗이 닦도록 도와주었다. 한마디로 나는 그들이 보다 나은 자세를 갖추도록 도움을 주었다!

　자세가 세상을 바라보는 창이라는 말을 이제 이해할 수 있겠는가? 자세가 세상을 바라보는 데 얼마나 큰 영향을 미치는지 짐작이 가는가? 이제 창의 어느 부분을 닦아야 하는지 보이는가?

스스로 자세를 컨트롤하라

창을 닦는 것은 여러분 스스로 해야 한다. 물론 나나 다른 사람이 여러분에게 어느 정도 힘을 줄 수 있지만 결국에는 여러분 자신이 창을 닦아야 한다. 어느 누구도 여러분을 대신해서 창을 닦아줄 수는 없다.

선택 역시 여러분의 몫이다. 여러분은 더러운 창을 그냥 내버려둔 채 세상을 희미하게 바라볼 수도 있다. 여기에는 그만한 대가가 따르며 그 대가는 생각보다 훨씬 더 달갑지 않다. 세상을 희미하게 바라보면 삶이 부정의 연속으로 이어져 좌절감과 불행에 휩싸이고 만다. 그뿐 아니라 자신의 능력에 훨씬 미치지 못하는 것만 간신히 성취하며 살아간다.

그보다 더 나은 방법을 선택하는 게 어떤가. 걸레를 꺼내 창을 닦기 시작하면 여러분의 삶은 보다 맑고 쾌청해지며 여러분 역시 더욱 건강하고 행복해진다. 이렇게 창이 맑아지면 여러분은 야심찬 목표를 설정해 그것을 하나하나 성취할 수 있다. 동시에 잠자고 있던 여러분의 꿈이 꿈틀꿈틀 되살아난다.

> 생각이 그렇게 만들 뿐 애초에 좋고 나쁜 것은 없다.
>
> – 윌리엄 셰익스피어 (William Shakespeare, 영국의 극작가이자 시인)

아직도 여러분에게 자세를 바꿀 만한 힘이 있는지 의심하고 있는가? 어쩌면 "당신이니까 그게 쉬운 거지요. 당신이 만약 내 처지였다면 그렇게 좋은 자세만 보일 수는 없었을 거요"라고 말할지도 모른다.

충분히 그럴 수 있다. 어떤 사람은 정말로 절박한 문제에 직면해 도무지 빠져나올 방법이 보이지 않을 수 있다. 지금까지 수많은 시련을 겪었고 지금도 상황이 몹시 힘들 수도 있다.

그러나 아무리 최악의 상황에 놓일지라도 여러분에게는 여전히 자세를 바꿀 만한 힘이 있다. 물론 그렇게 하는 것이 쉬운 일은 아니다. 그래도 그것은 엄연한 사실이며 그 선택권은 바로 여러분 자신에게 있다.

'자세'를 얘기할 때 우리에게 좋은 교훈을 주는 사람 중 한 명이 빅토르 프랑클(Viktor Frankl) 박사다. 그는 직접 생지옥을 경험했고 그 지옥에서 살아남았을 뿐 아니라,《죽음의 수용소에서(Man's Search For Meaning)》를 저술해 수많은 사람에게 감동을 안겨주었다. 알고 있다시피 빅토르 프랑클 박사는 수년 동안 나치 수용소에 갇혀 견디기 힘든 고통을 겪었다. 아버지, 어머니, 형제들 그리고 아내마저 그가 있던 수용소 아니면 가스실에서 죽어갔다.

수용소에 갇힌 다른 죄수들 역시 기아와 추위, 잔혹함 속에서 하루하루를 견뎌내야만 했다. 그런 상황에서 어떤 사람이 자신의 자세를 조절할 수 있겠는가? 다음은 프랑클 박사가 그의 초베스트셀러《죽음의 수용소에서》를 통해 자세의 중요성을 강조한 말이다.

"인간에게서 다른 것은 다 빼앗아갈지언정 단 하나만큼은 빼앗아갈 수 없다. 그것은 인간의 마지막 자유, 즉 어떤 상황에 처해도 자신의 자세와 자기 길을 선택할 자유다. 수면 부족과 배고픔, 스트레스로 죄수들이 보이는 반응을 분석해보면 죄수가 되는 것은 죄수의 내면에서 그렇게 결정을 내린 것이지 수용소의 상황이 혼자서 그렇게 만든 것은 아니다."

말로 이루 다 표현하기 어려울 정도로 참혹한 상황에서도 프랑클 박사와 다른 죄수들이 자신의 자세를 바로잡았는데, 누가 감히 자신의 자세를 통제할 수 없다고 말할 수 있겠는가. 휴 다운스의 말대로 행복한 사람이란 좋은 환경에 놓인 사람이 아니라 좋은 자세를 갖춘 사람이다. 강한 의미를 내포한 이 말은 진실이다.

더러운 창을 닦고 세상을 긍정적으로 바라볼 때 여러분은 스스로 자세를 컨트롤할 수 있다.

> 행복한 사람이란 좋은 환경에 놓인 사람이 아니라 좋은 자세를 갖춘 사람이다.
>
> – 휴 다운스(Hugh Downs, 미국 ABC 방송의 시사프로 〈20/20〉의 앵커맨)

자세와 성공

이제 여러분이 더러운 창을 깨끗이 닦고 긍정적인 자세를 갖추었다고 해보자. 여러분은 긍정적인 생각을 하며 미소를 짓고 있다. 그런데 그렇게 한다고 해서 기대하던 대로 성공을 거두고 꿈을 실현할 수 있을까? 절대 그렇지 않다. 성공에 이르려면 훌륭한 자세를 갖추는 것 외에 다른 것들도 필요하기 때문이다.

잠재력을 최대한 키우고 목표를 성취하려면 수백만 명에게 특별한 결과를 안겨준, 다시 말해 시공을 초월한 성공의 법칙을 적용해야 한다. 그러면 여러분 역시 그들과 똑같은 결과를 얻을 것이다.

이 책은 그러한 성공의 법칙을 단계별로 보여주고 있다. 따라서 이 책을 정독하면 역경을 두려워하지 않고 최선을 다해 나아가는 방법을 비롯해 그 이상의 비결을 터득할 수 있다. 더불어 평소에 꿈꿔온 삶을 살아가는 데 필요한 정보와 힘을 얻게 된다.

어쩌면 여러분은 성공의 법칙과 자세에 어떤 연관성이 있는지 여전히 궁금해 할지도 모른다. 한마디로 모든 것이 연관되어 있다. 그렇기 때문에 내가 "모든 것은 자세에 달려 있다"라고 말하는 것이다. 긍정적인 자세가 없으면 다른 규칙은 아무런 소용이 없다. 성공은 모두 여러분의 자세에서 시작되고 끝을 맺는다. 여러분이 '자세의 창'을 깨끗이 닦아야 다른 규칙들이 그 창을 통해 빛을 발한다는 얘기다. 만약 창이 더러우면 아주 약간의 빛만 그 창을 통해 들어온다. 즉, 여러분의 성공은 제한을 받거나 아예 막혀버릴 수 있다.

그런 의미에서 여러분은 창을 계속 깨끗하게 유지하는 방법을 배워야 한다. 그러면 깨끗한 창을 통해 밝은 햇살이 가득 들어오고 그 빛과 함께 여러분은 더 많은 부를 쌓을 수 있다. 그뿐 아니라 보다 만족스런 인간관계를 맺고 무한한 잠재력을 발휘하게 된다.

긍정적인 자세와 다른 성공의 법칙들을 결합시킬 경우 여러분은 멈추지 않고 성공대로를 신나게 달릴 수 있을 것이다!

Lesson 2 ───────────

부를 끌어당겨라

당신이 할 수 있다고 생각하든
할 수 없다고 생각하든 당신의 생각대로 된다!

- 헨리 포드(Henry Ford, 미국의 기술자이자 실업가)

우리를 성공으로 이끄는 핵심 요소는 무엇일까? 어떤 사람이 실패할 때 또 다른 어떤 사람은 성공하는 이유는 무엇일까?

큰 성공을 거둔 작가이자 방송인, 연설가인 얼 나이팅게일(Earl Nightingale)은 그의 유명한 책《가장 낯선 비밀(The Strangest Secret)》에서 이 문제를 다루고 있다. 이 책에서 그는 성공으로 가는 핵심 요소를 여섯 가지로 설명한다. 물론 그는 보다 자세한 설명을 곁들이고 있지만 어쨌든 그가 말하는 성공의 핵심 요소는 모두 이 여섯 가지에 함축되어 있다.

여러분은 아마 그 여섯 가지 요소가 무엇인지 궁금할 것이다. 그렇지 않은가? 놀라운 사실은 그 여섯 가지가 실패에 이르는 핵심 요소이기도 하다는 점이다. 이제 그 여섯 가지를 배울 준비가 되었는가?

◆ 우리는 우리가 생각하는 대로 된다

이 말이 직감적으로 이해가 가는가? 이 문제를 연구하는 동안 나이팅게일은 모든 위대한 작가, 철학자, 종교적인 지도자 들이 '생각이 행동을 지배한다'는 사실에 동의한다는 것을 발견했다.

몇몇 사상가의 말을 인용하면 아래와 같다.

나폴레온 힐은 다음과 같이 말했다.

"사람이 상상하고 믿으면 그것을 성취할 수 있다
(Conceive → Believe → Achieve)."

성경에도 생각과 관련된 말이 많이 나온다.

"너희 믿음대로 되리라."
(마태복음 9:29)

"대저 그 마음의 생각이 어떠하면 그 위인도 그러한즉"
(잠언 23:7)

"믿는 자에게는 능치 못할 일이 없느니라."
(마가복음 9:23)

위대한 생각으로
마음을 살찌워라

- 벤저민 디즈레일리
(Benjamin Disraeli,
영국의 정치가이자 총리)

미국의 사상가이자 시인인 랠프 월도 에머슨(Ralph Waldo Emerson)은 이렇게 말했다.

"인간은 하루 종일 자신이 생각하는 대로 변한다."

미국의 작가 로버트 콜리어(Robert Collier)는 이런 말을 했다. "당신이 가질 수 있다고 믿기만 한다면 지구상에 가질 수 없는 것은 아무것도 없다."

마지막으로 헨리 포드의 유명한 말도 있다.

"할 수 있다고 생각하든 할 수 없다고 생각하든 당신의 생각대로 된다!"

이 규칙에는 어떤 힘이 있는가

그러면 '우리는 우리가 생각하는 대로 된다'는 개념을 좀 더 생각해보자.

만약 여러분이 어떤 목표를 정하고 그것을 끊임없이 생각한다면 여러분은 그 목표를 성취하기 위한 행동을 할 것이다. 예를 들어 어떤 사람(프레드라고 해두자)이 1년에 3만 달러를 벌겠다는 목표를 세웠다고 해보자. 그 순간부터 프레드는 마치 인간 자석처럼 목표를 성취하게 해줄 모든 것을 끌어들이기 시작한다. 프레드가 끊임없이 그 생각을 하는 한 그는 1년 안에 3만 달러를 벌 것이다.

그럼 프레드가 그 정도 돈으로는 가족을 부양하기가 힌

들어서 5만 달러를 벌고 싶다는 생각을 한다면 어떤 일이 벌어질까? 프레드의 수입이 계속해서 늘어날까? 그건 상황에 따라 다르다. 이는 1년에 5만 달러를 벌 수 있다는 프레드의 믿음이 얼마나 강한가에 달려 있다는 얘기다. 프레드가 단지 5만 달러를 벌고 싶다고 희망하기만 할 뿐 정말로 그 돈을 벌 수 있을 거라고 생각하지 않을 수도 있다. 이 경우 프레드는 1년에 5만 달러를 벌겠다는 목표를 달성할 수 없다.

반면 프레드가 끊임없이 돈을 더 많이 벌고 싶다는 생각을 하면서 자신에게 그 목표를 달성할 능력이 있다고 믿는다면 그의 수입은 5만 달러로 늘어날 것이다.

짐작하고 있겠지만 이런 현상은 단순히 경제적인 목표에만 국한된 것이 아니다. 가령 지금 골프에서 1라운드에 95타를 친다고 해보자. 그 타수를 85까지 끌어내리겠다는 생각에 집중하면서 정말로 그렇게 할 수 있다고 자신의 능력을 믿으면 여러분이 그 목표를 이루기 위해 더 노력하지 않겠는가. 강습을 받거나 연습량을 늘릴 수도 있다. 덕분에 타수는 줄어들고 여러분은 목표를 달성하게 된다.

◆ 여러분이 가장 많이 하는 생각이 결국 하루를 지배한다

'우리는 우리가 생각하는 대로 된다'는 개념은 이미 오래전부터 지배적인 생각의 법칙으로 널리 알려져 왔다. 이 말은 우리의 내면에 지금 가장 많이 생각하는 방향으로 일이 진행되도록 만드는 힘이 있음을 의미한다. 결국 우리는 생각의 지배를 받는 셈이다. 하루에 단 10초만 긍정적으로 생각하고 깨어 있는 16시간 동안 부정적인 결과를 생각하면 절대로 긍정적인 결과를 얻을 수 없다.

요점은 약간의 긍정적인 생각만으로는 결코 긍정적인 결과를 얻을 수 없다는 것이다. 이는 하루, 이틀 동안 다이어트를 하는 것으로는 살이 빠지지 않는 것과 같은 이치다. 아니면 살을 빼기 위해 아침식사는 칼로리가 낮은 음식을 먹고, 그 이후에는 하루 종일 케이크나 아이스크림을 게걸스럽게 먹는 것이나 마찬가지다. 일주일에 단 한 번 몇 분간 운동을 한다고 해서 보기 좋은 몸매를 만들 수는 없다.

긍정적인 생각에도 이러한 원칙이 적용된다. 약간의 긍정적인 생각으로는 큰 성과를 거둘 수 없다. 원하는 성과를 얻으려면 마음자세를 조절하고 긍정적인 생각이 습관화되도록 매일, 하루 종일 연습해야 한다. 즉, 긍정적인 사고가 여러분의 지배적인 생각 패턴으로 자리 잡아야 한다.

예를 들어 여러분이 인생의 중요한 부분을 고민할 때 어떤 생각이 여러분을 지배하는지 잠시 되돌아보라. 그 지배

적인 생각이 여러분에게 도움을 주는가, 아니면 여러분을
뒤처지게 만드는가?

자세를 바꿔 부동산을 소유하다

내 개인적인 경험을 예로 들어 생각의 힘을 증명해볼까 한다.

1970년대와 1980년대 초, 나는 내가 사는 뉴욕 롱아일
랜드에서 투자 목적으로 집을 구매한 다음 그것으로 임대
수익을 올리는 사람들을 자세히 관찰했다. 집을 임대해주
면 종종 골치 아픈 문제가 발생하기도 했지만 그 대가는 굉
장했다. 해가 갈수록 집값이 폭등했던 것이다!

나도 부동산에 투자를 좀 해볼까 하는 마음이 있었으나
계속 망설이기만 했을 뿐 정작 투자에 뛰어들지는 못했다.
내 머릿속은 오로지 잘못되면 어쩌나 하는 생각으로 가득 차 있었
다. 한마디로 내 자세는 형편없었
다. 그렇게 부정적인 생각을 하고
있었으니 아무런 행동도 하지 못
하는 것은 당연한 일이 아닌가.

> 할 수 있다고
> 생각하면
> 해낼 수 있다.
>
> – 작자 미상

나는 자세와 믿음에 관한 책을 읽고 테이프도 들은 뒤,
부동산 투자에 대한 태도를 바꿨다. 1986년의 여름이 끝나
갈 무렵 나는 그해가 가기 전에 집을 두 채 구입하겠다는 결

심을 했다. 그때는 어떠한 부정적인 생각도 긍정적인 생각으로 무장한 내 머릿속에 들어올 수 없었다. 6개월 동안 나는 오직 한 가지 생각만 했다.

'투자 가치가 있는 집을 두 채 구입하자!'

나는 매일 그것을 종이에 몇 번씩 적었고 가끔 읽어보았다. 내 마음속 저 깊은 곳에는 그해가 가기 전에 집을 두 채 소유할 수 있을 거라는 믿음이 있었다. 매일 저녁과 매주 주말마다 나는 집을 둘러보기 위해 부동산 중개인을 만났다. 당시 나는 1,000채가 넘는 집을 직접 살펴보았고 수백 채의 집을 조사했다.

1986년 가을, 드디어 나는 집을 한 채 구입했다. 그때의 성취감은 말로 이루 다 표현하기가 어려웠다. 이전까지 감히 꿈도 꿔보지 못한 일을 내가 해냈으니 말이다. 그러나 아직 해야 할 일이 하나 남아 있었고 내 생각은 계속해서 부동산에 꽂혀 있었다. 마침내 12월 29일, 해가 바뀌기 이틀 전에 나는 두 번째 집을 구입했다. 내가 생각하던 대로 내 목표를 이룬 것이다.

전에는 절대 해낼 수 없을 거라고 생각했던 일을 1986년에는 어떻게 해낸 것일까? 곰곰이 생각해보면 그 답은 명확하다. 1986년에는 내게 해낼 수 있다는 믿음과 목표를 이루는 데 필요한 긍정적인 자세가 있었다!

이 경험은 내게 돈을 주고도 살 수 없는 소중한 것이었다. 그 가슴 벅찬 성취감을 어떻게 돈으로 환산할 수 있겠는

가. 나는 할 수 있다고 믿고 끊임없이 긍정적인 생각을 하면 언젠가 목표를 성취할 수 있다는 것을 몸소 배웠다.

◆ 행동보다 생각이 앞서야 한다

지금까지 계속 긍정적인 생각을 강조했는데 그럼 도대체 언제쯤 행동을 해야 하는 것이냐고 묻고 싶은가? 사실 행동이 없으면 아무런 결과도 얻을 수 없다. 그렇지만 행동보다 생각이 앞서야 하기 때문에 내가 계속해서 '생각'을 강조한 것이다.

나는 항상 부동산을 구매하려면 부동산 중개인에게 연락하고, 집을 보러 다니고, 신문 광고를 훑어보는 것 같은 행동이 앞서야 한다고 생각했다. 그러나 내 경험담을 털어놓건대 부정적인 자세로는 어떠한 행동도 취할 수 없었다. 나는 계속 뭉그적거리다가 자세를 바꾼 순간부터 저절로 행동을 취하기 시작했고 그때는 그 무엇도 나를 막지 못했다.

긍정적인 믿음이야말로 모든 목표 성취의 출발점이다. 목표를 이룰 수 있다는 생각이 여러분의 머리를 지배하고 있을 때 비로소 그 목표를 향해 전진하고 행동할 수 있다.

◆ 환경은 그 사람의 사고방식을 반영한다

다음을 기억하라.

'과거의 생각이 지금의 여러분을 만들었고, 현재의 생각이 미래의 여러분을 만든다.'

인생의 모든 분야에 나타난 결과는 여러분 내부에 깊이 잠재된 사고방식을 반영한다. 이를테면 경제적인 면을 한번 생각해보라. 여러분은 지금까지 어떤 생각을 하며 살아왔는가? 혹시 경제적인 사정이 별로 좋지 않을 거라는 생각을 하지 않았는가? 경제적으로 궁핍하리라는 생각을 하면서 살다 보면 굴러들어오는 돈도 밖으로 쫓아내고 만다.

여러분의 대인관계는 어떠한가? 스스로를 신통치 않게 생각하는 사람은 친구나 동업자 역시 그런 사람일 가능성이 크다. 주위를 둘러보면 늘 변변치 않은 사람들과 어울려 다니는 사람을 볼 수 있다. 실제로 그들이 자주 어울리는 사람들 중 마지막 스물아홉 명은 모두 변변치 않은 친구일 것이다. 이것이 우연의 일치라고 생각하는가? 절대 그렇지 않다. 이들의 잠재의식에는 자신이 평생 그런 친구들하고만 어울려 다닐 거라는 생각이 깊이 뿌리박혀 있다.

경제적인 사정이든 대인관계든 아니면 직업이든 한 가지 사실만큼은 분명하다. 그것은 사고방식을 바꾸지 않는 한 결과도 달라지지 않는다는 점이다.

사고방식을 바꿔라

한 가지 흥미로운 소식은 우리가 사고방식을 바꿀 수 있다는 사실이다. 더불어 우리는 그 결과도 바꿀 수 있다! 방법은 아주 간단하다. 먼저 여러분이 하루 종일 자신에게 어떤 말을 하는지 인식한다. 우리 내부에서는 가끔 다른 사람들이 듣지 못하는 목소리가 말을 한다. 다시 말해 우리는 종종 자신에게 독백을 한다.

문제는 그 독백이 너무 부정적이고 비판적이며 자신을 어떤 한계 속에 가두는 말이라는 데 있다. 예를 들면 사람들은 마음속으로 '난 못해', '나는 항상 일을 망친다니까', '나는 안 될 거야' 등의 말을 한다.

> 사람은 진정
> 자신이 믿는 대로 변한다.
>
> – 오리슨 스웨트 마든
> (Orison Swett Marden,
> 성공학 잡지 〈석세스〉의 창간자이자
> 당대 최고의 기업가)

이러한 생각은 여러분에게 해를 끼친다. 그러한 독백을 날려버리고 '난 할 수 있어', '내가 손을 대면 좋아질 거야', '난 목표를 이룰 거야' 등의 말을 반복해서 해야 한다.

제2장에서 자세히 다루겠지만 자신이 평소에 쓰는 말에 주목하는 것도 매우 중요한 일이다. 예를 들어 여러분은 혹시 스스로를 비하하거나 결코 이루지 못할 일에 관해 이야기하지 않는가? 우리가 입으로 내뱉는 말은 모두 마음도 들

고 있다. 그리고 마치 자석처럼 자신의 지배적인 생각에 걸맞은 환경과 일을 여러분 주위로 끌어당긴다. 자기 자신이나 자신이 정한 목표와 관련해 긍정적인 말을 해야 하는 이유가 여기에 있다.

◆ 핵심 열쇠는 반복이다!

다음은 보다 긍정적인 사람이 되고 원하는 결과를 얻는 데 도움을 주는 행동의 단계다.

제1단계:

매일 긍정적이고 삶의 의욕을 불어넣어주는 문학 작품을 읽는다. 아침에 15분에서 30분 정도 시간을 내거나 잠자리에 들기 전에 잠깐 읽는 것도 좋은 방법이다. 동기부여와 관련된 수천 권의 책과 기사 중에서 자신에게 잘 맞는 것을 선택해 읽는 것도 바람직하다. 종교적인 책 혹은 위인전기도 괜찮다. 서점이나 도서관에 가면 심리학과 자기계발에 관한 책은 얼마든지 구할 수 있으니 관심을 갖고 찾아보라.

> 더 큰 기대를 하지 않는 한 누구도 기대 이상의 성과를 거둘 수 없다.
>
> - 랠프 샤렐(Ralph Charell, 미국의 작가)

매일 동기부여를 해주는 테이프나 CD를 듣는다. 테이프나 CD는 차 안에서 듣거나 집에서 운동을 하며 들어도 좋다.

테이프나 CD는 꾸준히 반복해서 들어야 한다. 그 속에 담긴 메시지를 반복해서 듣다 보면 그것은 여러분에게 체화되고 이로써 여러분의 인생은 보다 풍요로워질 것이다. 매일 테이프나 CD를 들을 경우 삶에 대한 자세나 성공 규칙을 되새길 수 있다. 물론 테이프나 CD를 듣는 것이 행동을 대신할 수는 없다. 생각을 실천에 옮기는 것은 전적으로 여러분에게 달린 일이다.

지금과 다르게 살고 싶다면 매일 긍정적인 책을 읽고 동기부여에 관한 테이프나 CD를 들어야 한다. 그것을 몸소 체험해본 경험자로서 내가 말하건대 그대로 꾸준히 하면 커다란 도움을 받을 수 있다. 나는 이런 교훈을 배웠다.

'생각이 바뀌면 인생이 달라진다!'

여러분은 여러분이 생각하는 대로 바뀔 것이다!

◆ 하루아침에 성공하는 방법은 없다

결론을 내리기 전에 긍정적인 생각의 힘에 대해 몇 가지 분명히 해두고 싶은 것이 있다.

첫째, 긍정적인 생각을 한다고 해서 하루아침에 성공을

거두는 것은 아니다. 돈을 더 많이 벌 수 있을 거라는 생각을 한다고 다음 날 아침 침대 옆에 돈뭉치가 놓여 있지는 않을 거라는 얘기다. 그런 일은 절대 일어나지 않는다. 성공하려면 꾸준한 노력과 몰두 그리고 인내가 필요하다.

둘째, 긍정적인 생각을 할지라도 귀찮은 문제가 발생할 수 있다. 어쩌면 긍정적인 생각을 하는 과정에서 수많은 난관에 부딪힐지도 모른다. 이때 여러분 자신을 믿고 끈기 있게 행동하면 이러한 걸림돌을 얼마든지 극복할 수 있다.

행동은 항상 지배적인 생각을 따라간다는 사실을 기억해야 한다. 우리가 일생을 통해 성취하는 모든 것은 자신의 생각과 믿음에서 비롯된 것이다. 부정적인 생각은 부정적인 결과를 낳고 긍정적인 생각은 긍정적인 결과를 불러온다. 단언하건대 자세의 창을 늘 맑고 깨끗하게 지켜 나가면 그 창을 통해 긍정적인 생각의 빛이 들어올 것이다.

부정적인 결과를 원치 않으면서 부정적인 생각을 하는 것은 말도 안 되는 일이다. 악당이 아닌 이상 세상에 부정적인 결과를 원하는 사람이 어디 있겠는가.

지금 이 순간부터 여러분이 기대하는 결과를 얻기 위해 현명한 생각과 더불어 이 위력적인 원칙들을 사용하도록 하라.

Lesson 3

성공한 당신의 모습을
상상하라!

무언가를 이루려면 먼저 마음속으로
그것을 선명하게 그려보아야 한다!

- 알렉스 모리슨(Alex Morrison, 골프 레슨 전문가)

최근 한 TV 프로그램에서 캐나다 출신의 가수 셀린 디옹
(Celine Dion)을 인터뷰했다.

"가수라는 직업을 시작하면서 수백만 장의 앨범이 팔려
나가고 전 세계를 돌아다니며 매주 수만 명의 관중 앞에서
노래하는 모습을 그려본 적이 있습니까?"

그녀의 대답은 명쾌했다.

"이미 다섯 살 때부터 그런 모습을 그려왔기 때문에 지
금의 제 모습은 그리 놀라운 일이 아닙니다."

이것은 괜한 자랑이 아니다. 실제로 그녀는 대성공을 상

상하며 믿기 힘들 만큼 혹독하게 연습을 했다. 아주 어린 시절부터 성공을 거둔 모습, 스타가 된 모습을 생생하게 그리며 열심히 노력한 것이다.

세계적인 운동선수들도 자신이 기대하는 수준만큼 기량을 끌어올리기 위해 상상의 힘을 이용한다. 어려운 점프 동작을 연습하는 피겨스케이팅 선수든, 완벽한 서브로 상대방을 제압하고자 하는 프로테니스 선수든, 아니면 뛰어난 골프 선수든 세계 정상을 달리는 운동선수들은 하나같이 현실 세계에서 실제로 목표를 이룬 자신의 모습을 미리 상상해본다.

이처럼 시각적으로 가시화하는 것이 가수나 운동선수, 영화배우에게만 효과가 있는 것은 아니다. 사실 여러분도 어린 시절부터 여러분의 인생을 설계하는 데 상상의 힘을 계속 사용해왔다.

시각적인 가시화는 종종 '마음의 영화'라고 불린다. 다시 말해 그것은 마음속의 그림 혹은 이미지이다. 우리는 모두 마음속으로 우리가 추구하는 대인관계, 직장에서의 성공, 리더십, 벌어들이는 돈의 액수 등 수많은 것을 그려본다. 다시 말해 우리가 기대하는 그림을 마음속에 간직하고 있다.

어린 시절부터 간직해온 마음의 영화

우리의 내면에 들어 있는 마음의 영화는 언제부터 생긴 것일까? 우리는 아주 어린 시절부터 마음의 영화를 그리기 시작한다. 가령 청소년기에 비난을 받고 무시를 당하면 그런 일혹은 그때 느낀 감정을 이미지로 형상화해 마음속에 간직한다. 그리고 성장하면서 종종 의식적, 무의식적으로 그 그림을 떠올리며 결국 그 그림에 어울리는 인생을 살아간다.

예를 들어 초등학교 시절에 선생님에게 야단맞았던 기억을 아직도 간직하고 있다고 해보자. 당시에 아마도 반 전체 친구들 앞에서 심한 모멸감을 느꼈으리라. 그러면 나중에 학교에서나 여러 사람 앞에서 자기 의견을 발표해야 할 때 머뭇거리고 말문을 잘 열지 못한다. 아무리 의식하지 않으려 애써도 어린 시절의 아픈 기억이 자꾸만 떠오르기 때문이다. 이처럼 마음속에 남아 있는 과거의 그림은 현재의 행동에 엄청난 영향을 미친다.

불행하게도 많은 사람이 어린 시절의 영화를 최신 버전으로 업그레이드하지 못해 자신의 잠재력을 충분히 발휘하며 살아가지 못한다. 기대하는 모습을 시각화해 인생의 모든 면을 업그레이드하는 데 사용하려면 몇 가지 기술을 익혀야 한다.

> **지식보다 상상력이 훨씬 더 중요하다.**
>
> – 알베르트 아인슈타인
> (Albert Einstein, 독일 태생의 미국 이론물리학자)

자신의 영화를 책임져라

모든 '마음의 영화'가 어린 시절에 만들어지는 것은 아니다. 대인관계나 직장생활, 그밖에 다른 경험을 통해 여러분은 끊임없이 영화를 만들어낸다. 그 영화의 원인이 무엇이든 단 한 가지 사실만큼은 분명히 해둘 필요가 있다. 그것은 그 영화의 주도권을 여러분 자신이 쥐고 있다는 사실이다.

그러면 간단한 실험을 하나 해보자.

예를 들어 여러분이 좋아하는 맛으로 가득 찬 아이스크림콘이 있다고 가정해보자. 어떤가, 아이스크림이 보이는가? 분명 보일 것이다.

이제 코끼리가 한 마리 있다고 상상해보자. 코끼리가 보이는가? 이번에는 분홍색 코끼리를 떠올려보자. 생각을 하자마자 여러분은 틀림없이 분홍색 코끼리를 떠올렸을 것이다. 그럼 앞서 말한 아이스크림을 다시 떠올릴 수 있겠는가? 당연히 떠올릴 수 있다. 그렇지 않은가?

이제 내 말이 이해가 가는가? 마음속에 담겨 있는 모든 영화의 주도권은 여러분이 쥐고 있다. 그러나 여러분이 어떤 영화를 상영할지 의식적으로 선택하지 않는 한 여러분은 무의식적으로 오래된 영화를 선택해 계속해서 그 영화만 상영할 것이다.

오래된 영화의 의미를 다시 해석하라

얼마나 고통스럽고 실망스러운 기억이든 상관없이 과거에 일어난 일을 무작정 부인하는 것은 별다른 도움이 되지 않는다. 가령 선생님에게 야단맞은 것을 없던 일로 만들 수는 없다. 그렇지만 그 의미를 다르게 해석할 수는 있다.

선생님에게 야단맞을 당시 여러분은 '난 정말 못났어. 내 의견은 아무런 가치가 없어'라고 생각했을지도 모른다. 그런 생각을 성인이 된 지금까지 그대로 간직하고 있을 수도 있다. 이제 바꿔보자. 성인이 된 여러분은 의식적으로 상황을 다르게 해석할 수 있다. 이를테면 비록 선생님이 여러분의 의견에 동의하지 않았을지도 모르지만, 그것이 여러분의 지적 능력이 떨어진다거나 인간성이 나쁘다는 뜻은 결코 아니었을 것이다.

새로운 영화를 만들어라

우리는 '마음의 영화'를 얼마든지 새로 만들 수 있다. 그 영화가 우리에게 힘을 주고 기분 좋게 해주는 이미지일 경우 우리는 더욱더 그 새로운 영화에 맞는 행동을 할 가능성이 크다. 따라서 무엇보다 우선시해야 하는 것은 자신이 열망하던 결과를 얻은 이미지를 형상화하는 일이다. 여러분이 능력이 상상력에 따라 제한을 받을 수도 있기 때문이다.

알고 있다시피 많은 사람이 대중 앞에서 말하는 것을 두려워한다. 모든 조사를 통틀어 사람들이 느끼는 두려움 가운데 1위를 차지하는 것이 '청중 앞에 서는 일'이다. 흥미롭게도 그것은 죽음의 공포보다 앞선다!

청중 앞에서 연설을 해달라는 부탁을 받았을 때 대부분 어떤 생각을 하는가? 우선 청중 앞에서 긴장한 자신의 모습을 연상한다. 아니면 연설할 내용이 생각나지 않아 애를 먹는 모습을 떠올린다. 마음의 스크린에 이런 모습을 자꾸 상영하다 보면 결국 자신이 연설가로 성공하기는 애초에 글렀다고 생각하는 우를 범한다.

그런 그림 대신 자신 있게 연설하는 자신의 모습을 마음속에 그려보라. 여러분이 아주 똑똑해 보이고 모든 청중이 여러분의 얘기에 귀를 기울이는 모습을 말이다. 연설은 부드럽게 이어지고 재미있는 얘기가 흘러나오면서 청중은 한바탕 웃음을 터트린다. 마침내 연설이 끝나고 여러분은 청중에게 뜨거운 박수갈채를 받는다. 이어 많은 사람이 여러분에게 다가와 축하의 악수를 건넨다. 이러한 마음의 영화가 여러분이 훌륭한 연설가가 되는 데 큰 도움을 줄 것 같지 않은가? 당연하다.

하지만 이처럼 긍정적인 영화가 하루아침에 만들어지는 것은 아니다. 인내심을 갖고 성공적, 긍정적인 이미지에 집중해서 끊임없이 노력해야 한다. 그러면 언젠가 여러분은 자동적으로 여러분의 비전을 실현해줄 행동을 취하기 시작할 것이다.

세일즈에 성공한 모습을 그려본다

만약 여러분이 현재 제품이든 서비스든 무언가를 판매하는 직업에 종사한다면 반드시 세일즈에 성공한 모습을 그려보아야 한다. 여러분이 현재 원하는 결과를 얻지 못하고 있다면 여러분은 분명 성공한 세일즈맨이 아닌 평범한 세일즈맨이나 시시한 세일즈맨의 그림만 그리고 있을 것이다.

지금 당장 다음 고객과의 만남을 한번 떠올려보라. 여러분의 마음속에 그 만남이 어떻게 그려지는가? 여러분은 확신에 차 있고 여러분의 얘기에는 설득력이 있는가? 여러분이 판매하려는 제품의 장점을 열정적으로 설명하고 있는가? 고객이 여러분의 말에 관심을 보이며 수용하는 자세로 귀 기울여 듣고 있는가? 그 만남이 성공적으로 끝난 모습이 생생하게 보이는가?

여러분 자신이 여러분의 마음속에 펼쳐지는 영화의 프로듀서, 감독, 시나리오 작가, 조명기사, 의상 디자이너 그리고 캐스팅 감독임을 늘 기억해야 한다. 여러

> 당신의 마음을 지배하는 영화의 주도권은 당신이 쥐고 있다.
>
> – 제프 켈러(Jeff Keller)

분은 그 영화의 결말까지도 스스로 선택할 수 있다!

여러분이 마음속으로 리허설을 하고 끊임없이 성공적인 결과를 생각한다면 여러분은 성공한 세일즈맨이 되는 길을 밟고 있는 셈이다. 반면 고객이 여러분의 제안을 거절하고 프레젠테이션에 관심을 보이지 않는 이미지를 떠올릴 경우에는 그만큼 여러분의 성공은 제한을 받는다. 나아가 그런 부정적인 결과에 걸맞은 사람과 상황만 끌어 모으고 만다.

긴장을 풀고 오감을 이용한다

새로운 영화를 만드는 일에 집중하는 최선의 방법은 무엇일까? 마음을 차분히 가라앉히고 머릿속을 깨끗이 정리했을 때가 무언가를 시각화하는 데 가장 창조적인 시간이라는 것은 여러 차례 입증된 사실이다. 편안한 의자에 몸을 기대고 앉아 눈을 감고 심호흡을 한 뒤 긴장을 풀어라. 이제 가능한 한 모든 오감을 이용해 새로운 영화를 만들어라. 영화 속에 보다 많은 장면과 소리, 냄새, 맛, 그밖에 여러 감각을 집어넣을수록 영화 속의 비전이 현실이 될 가능성은 더욱 커진다.

예를 들어 캐리비안 해변에 집이 한 채 있었으면 좋겠다고 늘 꿈꿔왔다고 해보자. 하얗고 약간 분홍빛이 감도는 집을 한 채 상상해보라. 여러분은 지금 부드러운 바람결에 살

랑거리는 초록색 야자나무 아래를 걸으며 바다 특유의 냄새를 맡고 있다. 발가락에 살포시 밟히는 따뜻한 모래가 느껴지는가? 얼굴에 와 닿는 따스한 햇살은 또 어떤가? 이런 게 바로 천국이 아니겠는가.

이러한 그림을 늘 마음속에 품고 그것을 이루고자 열심히 노력하면 여러분은 그 모든 것을 가질 수 있다. 강한 감정이 깃든 이미지는 그 무엇보다 강력한 힘을 발휘하므로 여러분의 비전에 긍정적인 감정을 듬뿍 실어야 한다.

만약 이상적인 직업을 생각한다면 그 직업의 생생한 이미지와 일을 하면서 느낄 긍지, 만족감 같은 멋진 감정을 결합시킨다.

그렇다고 제대로 된 이미지를 만들어내지 못하면 어쩌나 하고

> 비전은 남들이 못 보는 것을 보는 예술이다.
>
> – 조너선 스위프트(Jonathan Swift, 영국의 소설가)

처음부터 걱정할 필요는 없다. 때론 희미한 이미지밖에 만들지 못해 애를 먹기도 하고 또 때론 생생한 이미지를 만들어 잘 활용하기도 한다. 심지어 생생한 이미지는 고사하고 무언가를 하고 싶다는 강렬한 감정만 앞서는 사람도 있다.

어떤 경우든 조금도 걱정할 필요가 없다. 최선을 다했다면 절대 다른 사람과 자신을 비교하지 마라. 이미지화하는 작업을 반복할수록 더욱더 선명한 이미지로 변해갈 것이기 때문이다. 중요한 것은 매일 시간을 내 새로운 영화를 꾸준히 마음속에 떠올리는 일이다.

자기 자신을 위한 수표를 써본다

무언가를 이뤄냈을 때의 모습을 이미지화해서 그것을 수시로 마음속에 떠올려보는 것은 매우 효과적인 방법이다. 성공에 가속도를 붙여주는 유용한 기술은 또 있다. 그것은 원하는 것을 얻기 위해 여러분이 노력하도록 해줄 시각적인 도구를 만드는 일이다.

1990년 무명배우였던 짐 캐리(Jim Carrey)는 자신의 출연료로 직접 천만 달러짜리 수표를 쓰고 그 수표의 지급일을 1995년 추수감사절로 정해놓았다. 짐이 말한 대로 그에게 중요한 것은 돈이 아니었다. 그는 그 정도의 돈을 받는 사람이면 최고의 영화에서 최고 수준의 사람들과 일할 것이라고 생각했을 뿐이다.

짐 캐리는 자신이 출연한 영화 〈에이스 벤추라(Ace Ventura)〉와 〈마스크(The Mask)〉로 80만 달러를 벌었고, 1994년 말에는 〈덤 앤 더머(Dumb and Dumber)〉로 700만 달러를 받았다. 1995년 그는 수백만 달러를 벌어들였고 지금은 영화 한 편당 2,000만 달러의 개런티를 받는 배우로 성장했다.

짐 캐리가 지급일을 정해두고 미리 쓴 수표는 목표를 성취하고자 할 때 그 목표에 깊은 확신과 감정을 싣는 것이 얼마나 위력적인지 잘 보여준다. 목표를 정해놓고 마음속에 이미지를 형상화하는 것도 원하는 것을 이루는 데 대단히 효과적이다. 더불어 그 목표에 상응하는 시각적인 도구(예를 들면 수표)를 이용할 경우 성공으로 가는 문은 더욱더 활짝 열린다.

단순히 흥밋거리를 제공하기 위해 짐 캐리의 사례를 든 것은 아니다. 분명히 말하건대 이 스킬은 여러분에게도 똑같은 효과를 안겨줄 것이다!

지금 당장 수표에 여러분이 벌고자 하는 액수를 적어 그 지급일을 4년 혹은 5년 미뤄보자. 그리고 하루에 한 번씩 그 수표를 들여다보라. 동시에 여러분이 지금 그것을 이루기 위해 노력하고 있다고 믿어라.

원하는 직업을 얻는 방법

시각적인 도구는 여러 가지 방법으로 활용할 수 있다. 그 도구가 수표에 국한된 것은 아니다. 이제부터 내 친구의 예를 들고자 하는데 그의 이름을 로버트 존스라고 해두자. 로버트는 자신이 속한 당의 재판관으로 지명을 받아 다가오는 선거에 출마할 예정이다. 그는 그 선거에서 유력한 당선 후보자임에도 불구하고 여전히 걱정을 하면서 의심을 떨쳐내지 못했다. 나는 그에게 '판사 로버트 존스'라는 서명을 하나 만들어서 스탠드나 욕실 거울처럼 매일 눈길이 가는 곳에 붙여놓으라고 조언했다. 그리고 카드에도 하나 써서 지갑 속에 넣어 갖고 다니라고 했다.

그는 내 말대로 했고 매일 그 서명을 바라보면서 자신을 판사 로버트로 생각했다. 또 검은 판사복을 입은 자신의 모습도 떠올렸다. 나아가 그가 법정에 들어설 때 모든 사람이 기립하는 모습은 그에게 자긍심을 불어넣어주었다.

시간이 갈수록 그 이미지가 더 강해지면서 그는 그것이 현실화하도록 최선을 다했다. 그는 누구보다 열심히 선거운동을 했고 선거 당일 유권자들이 선거에 참여하도록 당에서 애써줄 것이라고 확신했다.

꿈꾸는 자만이 이룰 수 있다.

– 월트 디즈니(Walt Disney,
미국의 세계적인 만화 영화 제작자)

로버트처럼 굳이 서명을 만들지 않아도 자신이 원하는 것을 마음속에 강렬히 이미지화하는 것이 가능하지만 시각적인 도구를 이용하면 더 큰 힘을 발휘한다. 서명을 바라볼 때마다 로버트는 법관이 된 자신을 생각하면서 마음속으로 성공자의 이미지를 떠올릴 가능성이 크다.

물론 이렇게 하는 것이 로버트에게 반드시 큰 효과가 있을 거라고 보장할 수는 없다. 이것은 여러분도 마찬가지다. 그렇지만 여러분이 직접 해보면 그것이 바라는 것을 이루는 데 꽤장히 위력적인 힘을 낸다는 걸 깨달을 것이다.

여러분이 오르고 싶은 지위가 있는가? 영업부장, 감독관, 변호사, 사업체의 경영주가 되고 싶은가? 그것이 어떤 지위든 시각적인 도구를 하나 만들어보라. 그러면 여러분의 마음은 그 그림을 현실화하는 방향으로 움직이기 시작한다.

시각적인 도구는 긍정과 부정에 모두 효과적이다

시각적인 도구를 사용할 때 우리가 반드시 주의해야 할 점이 있다. 어떤 사람은 부정적인 이미지가 담긴 도구들을 사용하기도 하는데 이는 때로 심각한 결과를 초래한다. 자동차 범퍼에 붙이는 스티커가 그 대표적인 사례다.

몇 년 전 나는 운전을 하다가 앞차 범퍼에서 흥미로운 문구가 적힌 스티커를 보았다.

'빚더미에 치여 나는 일하러 가네.'

그런데 몇 년 사이에 나는 똑같은 스티커를 곳곳에서 발견했다. 내가 몇 년 전에 본 그 스티커가 유행처럼 번져 나간 것이다. 이 얼마나 바보 같은 말인가! 혹자는 이걸 두고 '위험한 농담'이라고 말할지도 모르지만 내가 볼 땐 절대 그렇지 않다. 이 메시지는 농담처럼 재미있기는커녕 오히려 해롭기만 하다. 이런 스티커를 범퍼에 붙이고 다니는 한 여러분은 계속해서 여러분이 빚더미 위에 올라앉도록 자신의 마음을 조정할 테니 말이다.

예를 들어 엘리스라는 사람이 자기 차에 그 스티커를 붙이고 다닌다고 가정해보자. 엘리스는 매일 아침마다 집을 나서면서 '빚더미에 치여' 스티커를 본다. 근무 시간이 끝나고 집에 돌아오려고 차에 탈 때마다 또 '빚더미에 치여' 스티커를 본다. 결국 이 말은 엘리스의 마음속에 굳게 자리 잡고 엘리스는 무의식중에 빚더미에 올라앉은 자신의 모습을 연상한다. 더불어 엘리스는 인간 자석이 되어 자신이 생각하는 것들을 끌어당기고 결과적으로 엘리스는 더 많은 빚을 끌어 모으고 만다.

만일 엘리스에게 왜 그렇게 돈이 없느냐고 물으면 아마 엘리스는 "운이 없어서"라고 대답할 것이다. 사실은 생각 없이 아무것이나 마음속에 담아두었기 때문에 그런 것인데 말이다. 오늘 하찮아 보이는 장난스런 스티커가 내일의 내 현실이 될 수도 있다.

엘리스는 이미 더러워진 자세의 창에 또다시 진흙을 왕창 끼얹는 사람의 완벽한 사례다. '모든 것은 자세에 달려 있다'는 관점에서 생각할 때 엘리스를 지배하는 자세는 바로 '빚쟁이'다! 이러한 자세로 살아가는 엘리스의 미래가 어떨 것 같은가? 아주 잘살까, 아니면 빚더미에 올라앉을까? 우리는 이미 그 답을 알고 있다.

조명, 카메라 그리고 액션!

내가 말하고자 하는 핵심은 마음의 영화를 새로 만들어 그것을 유용하게 활용하라는 것이다. 여러분 자신이 주도권을 쥐고 영화를 새로 만들지 않으면 계속해서 오래된 영화만 상영하게 된다는 사실을 기억해야 한다. 그 오래된 영화가 여러분에게 도움이 된다면 그나마 다행이다. 반대로 그 영화가 여러분을 뒤처지게 만든다면 오늘 당장이라도 마음이라는 놀라운 힘을 활용해 위대한 성공 영화를 만들어야 한다.

Lesson 4

헌신은 산도 옮긴다

그 힘이 무엇인지는 알지 못한다. 내가 아는 건
오직 자신이 원하는 것을 얻기 위해 헌신할 때라야
비로소 그 힘을 발휘할 수 있다는 것이다.

- 알렉산더 그레이엄 벨(Alexander Graham Bell,
영국 출신의 미국 물리학자이자 발명가)

과거에 나는 내가 헌신(commitment)과 끈기(persistence)의
뜻을 잘 안다고 생각했다. 하지만 내가 아는 헌신은 '열심
히 노력하는 것'이었고 끈기는 '수없이 시도해보는 것'에
불과했다. 마이크 헤르나키(Mike Hernacki)의 저서《원하
는 모든 것을 얻는 최고의 비밀(The Ultimate Secret To Getting
Absolutely Everything You Want)》을 읽은 뒤에야 나는 이들
단어의 진정한 뜻을 알게 되었다.

《원하는 모든 것을 얻는 최고의 비밀》에서 핵심적인 말
은 바로 '헌신'이다. 마이크 헤르나키는 원하는 것을 얻고

자 할 때 가장 중요한 것, 목적 달성에 반드시 필요한 것은 어떤 일이든 기꺼이 하려는 의지라고 말했다. 여러분이 성급하게 결론을 내리기 전에 먼저 '어떤 일이든 기꺼이 하려는 의지'라는 말에서 비합법적인 행동이나 비윤리적인 행동, 남에게 해를 끼치는 행동은 제외하도록 하겠다.

그러면 기꺼이 하려는 의지란 무엇을 의미하는 것일까? 그것은 다음과 같은 마음자세를 의미한다.

- '목표 달성을 위해 5번 걸어야 한다면 기꺼이 5번을 걷겠다.'
- '목표 달성을 위해 55번 걸어야 한다면 기꺼이 55번을 걷겠다.'
- '목표 달성을 위해 155번 걸어야 한다면 기꺼이 155번을 걷겠다.'

처음에는 목표 달성을 위해 몇 번 걸어야 하는지 잘 모를 수도 있다. 그래도 상관없다. 중요한 것은 걸음걸이의 숫자가 아니라 필요한 만큼 걷겠다는 의지이기 때문이다.

끈기는 언제 필요한 걸까? 사실 끈기 있는 행동은 전념을 뒤따른다. 이 말은 무언가를 이루기 위해 끈기 있게 노력하려면 먼저 그것에 전념할 결심을 해야 한다는 뜻이다. 목표 달성을 위해 전념하다 보면 그것을 손에 넣을 때까지 혹독한 결심과 끈기 있는 행동이 뒤따르게 마련이다.

헌신의 마술적인 힘

무언가에 헌신하기로 결심하고 거기에 필요한 것은 무엇이든 하겠다는 결정을 내리면 목표 달성에 필요한 사람과 환경을 여러분 주위로 끌어당기게 된다. 예를 들어 베스트셀러 작가가 되겠다고 결심하면 어느 날 갑자기 저작권 대리인과 우연히 마주치거나 그에 관해 정보를 제공하는 기사 혹은 TV 프로그램을 보게 될 것이다. 마치 이전에는 그런 것이 전혀 존재하지 않았던 것처럼 말이다. 이는 '찾지 않으면 보이지도 않는다'는 말과 일맥상통한다.

무언가를 이루는 데 헌신하기로 결심했다면 이제 그것을 성취했을 때 여러분이 어떤 모습일지 상상해보라. 그러면 여러분의 마음은 자석처럼 그 모습이 현실화하도록 해줄 사건과 환경을 끌어 모은다. 물론 이런 일은 하루아침에 일어나지 않는다. 따라서 늘 능동적인 자세로 있다가 기회가 다가왔을 때 붙잡아야 한다.

윌리엄 허친슨 머레이(William Hutchinson Murray)는 《스코틀랜드 히말라야 원정대(The Scottish Himalayan Expedition)》에서 무언가에 헌신할 때 나타나는 마술적인 힘을 유창하고 정확하게 묘사하고 있다.

"무언가에 헌신하기 전에는 항상 망설임과 머뭇거림 그리고 무력감이 있었다. 무언가를 솔선수범해서 할 때 혹은 모든 창조적인 활동을 시작할 때는 한 가지 근본적인 진신이 드러나는데 그것은 수많은 생각과 눈부신 계획을 모두 없애버리는 전념이다. 무언가에 전념하는 순간 신조차 감동을 받는다. 동시에 전에는 결코 일어나지 않던 모든 일이 일어난다. 아니, 결정을 내리는 순간부터 모든 사건이 발생한다. 가령 예기치 않던 사건이나 모임, 물질적 원조가 들어오는데 이는 누구도 자신에게 일어나리라고 생각지 못하던 일이다."

두드리면 열린다

전념의 힘에는 또 다른 놀라운 특징도 있다. 그것은 처음부터 목표 달성 방법을 알 필요가 없다는 것이다. 물론 계획이 있으면 출발이 더 순조로울 수 있지만 처음부터 구체적인 계획을 반드시 세워야 하는 것은 아니다.

> 중단을 거부할 때 노력은 비로소 완전한 보상을 받는다.
>
> – 나폴레온 힐(Napoleon Hill, 세계적인 성공학 연구자)

실제로 필요한 일은 무엇이든 하겠다는 의지만 있으면 갑자기 올바른 방법들이 여러분 앞에 나타나기도 한다. 이를테면 전에 전혀 예상치 못한 사람을 만날 수도 있다. 마치 행운의 여신이 여러분을 향해 미소를 짓는 것처럼 뜻하지 않게 문이 열리는 것이다.

이 모든 긍정적인 사건은 무언가에 전념하기로 결정을 내린 후 여러분의 마음이 그런 것을 찾아다닌 결과로 만들어진 일이다.

나 역시 뜻하지 않게 내 앞에서 문이 활짝 열리는 경험을 한 적이 있다. 1989년 나는 동기부여에 관한 기사를 쓰기 시작했다. 그동안 긍정적인 자세와 다른 성공 규칙들이 지닌 놀라운 힘을 연구해온 나는 그 정보를 다른 사람과 함께 나누는 데 전념하기로 결심했다. 한데 처음에는 어디서부터 어떻게 시작해야 할지 몰라 몹시 난감했다. 글을 써서 신문사로 보낼까? 잡지사에 보내는 것은 어떨까? 아니, 직접 책을 한 권 내볼까?

처음에는 훈련과 관련된 일을 하거나 인사관리를 하는 사람들을 위한 회보에 글을 보냈고, 그것은 1990년에 기사화했다. 그로부터 몇 달 후 나는 스튜어트 카멘(Stuart Kamen)이라는 사람에게 전화를 받았는데 그도 회보 발행과 관련된 일을 하는 프리랜서 작가였다. 그는 자신의 친구 집에 방문했다가 우연히 내 기사를 보고 매우 감동을 받았다고 했다. 그가 물었다.

"혹시 회보를 발행할 생각이 없나요?"

솔직히 나는 내가 직접 회보를 내겠다는 생각을 해본 적이 없었다. 그렇지만 우리는 약속을 했고 스튜어트는 수천 명이 읽을 자기계발 회보를 어떻게 만들 것인지 설명했다.

그로부터 한 달 후 우리는 〈애티튜드 이즈 에브리싱

(Attitude is Everything)〉이라는 회보의 초판을 발행했다.

우리는 지금까지 20년 동안 함께 일해 왔고 지금 수십만 명이 인생을 변화시켜 줄 이 정보를 보고 있다!

이 모든 일이 어떻게 가능했을까? 나는 내가 갖고 있는 정보를 다른 사람과 공유하는 데 전념했고 긍정적인 자세로 글을 쓰기 시작했다. 그때 전혀 낯선 스튜어트 카멘이 내 앞에 나타났는데 그는 내 꿈을 실현할 방법을 알고 있었다.

그야말로 전념의 마술 같은 힘이 아닌가!

> 평범한 재능과
> 특별한 끈기만 있다면
> 얻지 못할 것은 없다.
>
> – 토머스 벅스턴(Thomas Buxton, 영국의 정치가)

한마디 경고

목표를 쉽게 달성할 방법을 알아냈다고 너무 흥분하기 전에 한 가지 경고해둘 말이 있다. 설령 전념할지라도 모든 일이 수월하게 풀리지는 않는다. 여러분이 얼마나 간절히 목표를 달성하고자 하는지 알아보기 위해 인생이 여러분을 시험하거나 걸림돌이 나타나기도 한다. 이에 따라 여러분은 실수하기도 하고 실망과 좌절도 경험하며 너무 힘들어서 목표를 버릴 수도 있다.

그때 윈스턴 처칠(Winston Churchill) 경이 한 말을 떠올려야 한다.

"절대로, 절대로, 절대로 포기하지 마라!"

아니면 미국의 프로 권투선수 제임스 J. 코빗(James J. Corbett)의 충고를 따르는 것도 좋다.

"1라운드만 더 버티면 당신은 챔피언이 된다. 사는 게 힘들면 1라운드만 더 싸워라."

무언가를 이루는 데 전념하면 일시적인 전투에서 여러분은 분명 승리할 수 있다. 그러면 여러분은 최종적으로 승리할 것이다!

전념하는 사람의 위력

몇 년 전, 잡지 「아메리칸 웨이(American Way)」가 최고의 베스트셀러 작가인 데이비드 발다치(David Baldacci)의 인터뷰 기사를 실은 적이 있다. 발다치는 엄청난 성공을 거둔 소설 《절대 권력(Absolute Power)》, 《완전한 통제(Total Control)》 그리고 《승자(The Winner)》를 쓴 대중 스릴러 작가로 그의 책은 수백만 권이 팔려 나갔다.

그렇다고 발다치가 하루아침에 성공을 이룬 것은 아니다. 그가 그처럼 성공을 거둬 큰돈을 번 이유는 작가로서의 재능을 계발하는 데 전적으로 전념했기 때문이다.

그도 나처럼 처음에는 변호사가 직업이었다. 1983년 로스쿨에 입학한 그는 베스트셀러 작가가 되리라는 생각은 전혀 없었고 그저 글 쓰는 것을 좋아했을 뿐이다.

아무튼 그는 자신에게 글 쓰는 기술이 부족하다는 것을 알고 있었기에 그 기술을 습득하는 데 전념하기로 했다. 처음 5년 동안에는 아무런 작품도 쓰지 않았고 매일 인물의 성격과 구성 전개, 그밖에 다른 기초적인 기술을 익히는 데 시간을 투자했다.

당시 그는 변호사였고 아내와 두 아이가 있었는데 언제 그처럼 글을 쓸 시간이 있었을까? 그는 매일 밤 열 시부터 새벽 두 시까지 글을 썼다. 이것이 바로 '필요한 것은 무엇이든 하는' 전념의 자세다. 그는 글 쓰는 것을 정말 좋아했고 글을 쓰면서 전혀 지루해하지 않았다. 그렇다고 목표를 달성하려면 여러분이 매일 밤을 지새워야 한다는 얘기는 아니다. 내게는 밤 열 시부터 새벽 두 시까지 일하는 것이 별 효과가 없었고 이것은 아마 여러분도 마찬가지일 것이다!

그렇게 10년 동안 글을 쓴 발다치는 몇 편의 단편소설과 각본을 완성했지만 아쉽게도 단 한 권도 팔리지 않았다.

그는 출판사 편집자들에게 자신의 작품을 보여줄 때마

> 흥미만 보이는 백 명보다
> 헌신적인 단 한 명이
> 더 가치 있다.
>
> – 메리 크롤리(Mary Crowley,
> '홈인테리어&기프트'의
> 창업가이자 자선가)

다 번번이 거절을 당했다. 그래도 그는 끈기 있게 도전했고 드디어 1996년 발다치는 자신의 노력에 대한 보상을 받았다. 그것도 그야말로 대박을 터트렸다! 블록버스터 스릴러물인 소설《절대 권력》과 그 영화 판권으로 수백만 달러를 번 것이다. 같은 제목의 영화로 배우 클린트 이스트우드(Clint Eastwood) 역시 스타가 되었다.

이것이 바로 무언가에 전념하는 사람의 위력이다.

중단 없이 도전한다

나는 내 친구 제리 글래드스톤에게서 무언가에 전념하는 것이 얼마나 마술적인 힘을 내는지 배웠다. 1986년 제리는 '아메리칸 로열 아트(American Royal Arts)'라는 회사를 차렸는데 처음에는 다양한 수집품을 판매했다. 그러다가 1년이 지나자 제리는 만화용품만 판매하는 데 집중하기로 했다. 당시 그는 워너 브러더스(Warner Brothers)사, 한나 바버라(Hanna Barbera), 그밖에 여러 소규모 스튜디오와 라이선스 계약을 맺었다. 한동안 사업에 매진하던 제리는 사업을 크게 키우기 위해서는 디즈니(Disney)사의 용품들을 판매해야 한다는 사실을 깨달았다.

그는 3년 동안 디즈니 본사에 디즈니사의 용품을 팔게 해달라는 편지를 보내고 전화도 걸었다. 하지만 그는 디즈니사로부터 번번이 거절을 당했다.

제리는 멈추지 않았고 계속해서 디즈니사의 경영진에게 전화를 걸었다. 그 끈기에 마침내 한 이사가 제리를 완전히 떼어내리라는 작정을 한 듯한 반응을 보였다. 그녀는 「잠자는 숲속의 미녀(Sleeping Beauty)」에 나오는 마녀, 「백설공주(Snow White)」의 왕비 그리고 「101마리의 달마시안(101 Dalmatians)」의 크루엘라 드빌(Cruella Devil)이 한데 섞인 것 같은 목소리로 제리에게 최후 통보를 했다.

"절대로 디즈니의 라이선스를 내줄 수 없습니다!"

이제 포기할 때가 되지 않았느냐고? 제리에게는 아니었다! 그는 숱한 모욕에도 불구하고 전혀 흐트러지지 않고 디즈니사의 다른 경영진에게 계속 전화를 걸었다. 그러자 디즈니사의 한 이사가 제리를 떼어내기 위해 이렇게 말했다.

"미네소타나 매사추세츠라면 디즈니 용품 판매점 개설을 고려해보겠소!"

제리의 사업체는 뉴욕에 있었고 사실 그는 그처럼 멀리 떨어진 곳에 상점을 열고 싶은 마음이 없었다. 그런데 제리가 어떻게 한줄 아는가?

그는 다음 날 보스턴으로 날아갔고 날이 저물기 전에 보스턴의 뉴베리 가에 위치한 상점을 하나 계약했다! 제리는 곧바로 디즈니

고통을 넘어서서 인내하는 사람은 승리를 능가하는 보상을 받는다.

– 테드 엥스트롬(Ted Engstrom, 멘토링 학자)

사의 그 이사에게 전화를 걸어 매사추세츠에 상점이 있다고 보고했다. 그때 두 사람은 함께 박장대소를 터트렸다.

그 이사는 다음 날 열린 회의에서 말했다.

"보스턴까지 날아가 상점을 열 정도의 열의가 있는 사람이라면 디즈니 프로그램 판매권을 허락해야 하지 않겠소?"

몇 주 뒤 제리는 보스턴에 디즈니 용품 판매점을 열었고, 다시 1년 후 뉴욕 상점에서 디즈니 용품을 팔아도 좋다는 허락을 받아냈다. 제리는 지금까지도 디즈니사와 함께 일하고 있고 그동안 수백만 달러어치의 디즈니 용품을 판매했다. 아니, 그는 이제 명실공히 전 세계에서 가장 큰 규모의 디즈니 만화용품 판매상이다!

헌신이란 것, 그리고 거절 앞에서도 훌륭한 자세를 유지한다는 것이 바로 이런 게 아니겠는가! 제리는 모든 고난을 이겨내고 디즈니사의 라이선스 계약을 따냈다.

제리에게 물어보라. 그러면 그는 즉각 "모든 것은 자세에 달려 있다"고 말할 것이다.

평생이 걸릴지라도 해낸다

캘리포니아 뉴포트 비치(Newport Beach)에 사는 벤저민 롤도 '모든 것이 자세에 달려 있다'는 것을 보여주는 산증인이다. 1990년 그는 예순일곱 살의 나이에 로스쿨을 졸업했다. 변호사로 일하려면 캘리포니아 변호사 시험에 합격해야 하는데 그는 첫 번째 시험에서 떨어졌다.

그는 두 번째 시험에서도 떨어졌다. 세 번째, 네 번째, 다섯 번째, 여섯 번째, 일곱 번째, 여덟 번째, 아홉 번째, 열 번째, 열한 번째, 열두 번째 그리고 열세 번째에서도 그는 시험에서 떨어졌다. 여기서 중요한 사실을 미리 밝혀두겠다. 변호사 시험은 1년에 딱 두 번만 치른다!

롤이 시험을 열세 번이나 떨어졌으니 이제 그의 나이는 일흔세 살이 된 셈이다. 그 정도면 대부분의 사람들이 시험을 포기하겠지만 벤저민 롤은 절대 포기하지 않았다.

그는 열네 번째로 시험을 치렀고 마침내 합격했다! 1997년 일흔네 살에 롤은 캘리포니아에서 변호사 일을 해도 된다는 허가를 받았다. 대단하지 않은가. 롤은 자신이 원하는 일에 전념했고 필요한 것은 무엇이든 하겠다는 의지를 보여주었다. 롤은 이렇게 말했다.

"죽기 전까지 이 빌어먹을 시험에 꼭 합격해야겠다고 결심했죠. 드디어 해냈어요!"

자세가 얼마나 중요한지 이제 알겠는가. 하긴 애초에 60

대 후반의 나이에 로스쿨에 들어가겠다고 마음먹은 것 자체가 대단하다. 그런데 롤은 예순일곱 살에 로스쿨에 들어갔을 뿐 아니라 졸업 후 변호사 시험에 합격하는 데 무려 6년을 기꺼이 투자했다.

평생이 걸려도 해내겠다는 결심으로 전념한 벤저민 롤의 이야기는 우리에게 '모든 것은 자세에 달려 있다'는 것을 잘 보여준다.

이제 무언가에 전념하라

여러분이 마음속에 목표를 하나 정했다고 가정해보자. 이제 여러분 자신에게 '그 목표를 달성하기 위해 필요한 것은 무엇이든 해낼 의지가 있는가?'라고 물어보라. 만약 '딱 하나만 빼고 뭐든 다 하겠다'는 대답이 나온다면 솔직히 여러분은 무언가에 전념할 생각이 없는 것이다.

무언가에 전념하지 않는 이상 여러분은 목표를 달성하지 못할 가능성이 크다. 예를 들어 많은 사람이 새로운 사업을 시작할 때 대개 이렇게 생각한다.

'6개월 안에 회사를 크게 키우겠다. 만약 6개월 뒤 별다른 성과를 내지 못하면 그만두겠다.'

이런 마음자세로는 성공에 이를 수 없다. 만약 데이비드 발다치가 딱 1년만 글을 쓰고 그 뒤에 책이 팔리지 않으면 그만두겠다고 했다면 지금쯤 그는 어떻게 되었을까? 아마 그가 그토록 좋아하는 일을 할 기회, 경제적인 독립을 이룰 기회 그리고 꿈을 성취할 기회를 놓쳤을 것이다!

그렇다고 아무런 계획도 없이 무조건 최선을 다하라는 말은 아니다. 가능한 한 빠른 시간 내에 목표를 달성하도록 계획을 세우고, 마감시간을 정하고, 예산을 짜는 것은 당연한 일이다. 그러나 그렇게 노력을 기울여도 현실적으로 목표 달성에 몇 년이 걸릴지, 어떤 걸림돌이 나타나 여러분의 앞길을 가로막을지 예측할 수 없다.

바로 여기서 승자와 패자가 나뉜다. 전념하는 사람은 무슨 일이 있든 목표를 향해 끝까지 밀고 나가 승리한다. 설령 예상보다 시간이 더 오래 걸릴지라도 말이다. 반면 전념하지 못하는 사람은 배가 항로를 벗어나면 중간에 포기한다.

이제 전념의 위력이 어느 정도인지 알았다면 이 규칙을 여러분 자신에게 적용해보라. 힘차게 밀고 나아가라. 여러분의 열정을 깨우는 목표를 설정하고 무슨 일이 있더라도 그것을 달성하겠다는 자세로 전념하라. 여러분에게 다가온 모든 기회를 활용하면서 앞으로 나아가라. 그러면 끈기가 여러분을 따를 것이며 이제 여러분은 성공할 준비가 된 셈이다.

문제를 기회로 만들어라

모든 역경 뒤에는 그에 상응하거나 그보다 더
위대한 은혜의 씨앗이 숨어 있다.

- 나폴레온 힐

삶에서 어떤 문제에 부딪히거나 걸림돌이 나타나면 여러분
은 어떤 반응을 보이는가? 여러분이 다른 많은 사람과 비슷
하다면 아마 불평을 할 것이다. "내게 왜 이런 일이 일어나
는 거지? 이제 어떻게 해야 하지? 계획이 다 망가졌네!"라
고 말이다.

　이런 반응은 자연스러운 일이다. 아무튼 처음에는 불평
을 늘어놓더라도 그다음 순간에는 선택을 해야 한다. 불행
속에서 헤어나지 못하고 비참한 상황을 탓하고만 있을 것
인가, 아니면 문제 속에 담긴 교훈이나 이용할 방법을 찾을
것인가?

물론 얼마간은 불확실성과 역경 속에서 힘들 수도 있지만 어떤 역경이든 여기에는 이면이 있게 마련이다. 알고 있다시피 문제가 꼭 문제만은 아닌 경우도 많다. 아니, 문제가 실제로는 기회가 될 수도 있다. 이를테면 문제가 여러분의 인생을 긍정적으로 바꿀 방향을 제시하기도 한다. 아무런 문제가 없다면 여러분은 결코 그런 긍정적인 행동을 취하지 못할 수도 있다.

예를 들어 뜻하지 않게 직장에서 해고당해 고통을 겪다가 훗날 사업에서 성공한 사람의 이야기를 들은 적이 있을 것이다. 그 사람은 만약 직장에서 해고당하지 않았다면 평생 새로운 사업을 시작하지 않았을지도 모른다. 처음에는 해고가 역경처럼 보였지만 결국 그 역경이 그에게 황금의 기회로 바뀐 것이다.

가령 어떤 직업이 여러분에게 딱 맞는다고 확신하고 있고 면접도 잘 치렀다고 해보자. 합격통지서가 날아오길 기대하고 있는데 그 기다림이 허무하게 끝나버리면? 그때의 기분은 그야말로 처참할 수밖에 없다. 그러다가 며칠, 아니 몇 달 후 새로운 직장이 생기면 그 일이 처음에 하려던 일보다 더 낫다는 것을 깨닫는다. 처음에 거절당한 것이 오히려 축복이 된 셈이다. 또 다른 예로 처음에 꿈의 집이라고 생각해서 계약을 하려다가 실패했을 경우 나중에 더 좋은 집을 구할 수도 있다.

고난 뒤에 숨어 있는 혜택

언젠가 〈뉴욕타임스(New York Times)〉에 '뇌종양에도 의미가 있을까?'라는 제목의 에세이가 실린 적이 있다. 그 에세이는 왼쪽 눈에 커다란 종양이 생겼다는 진단을 받은 섀론이라는 40대 여성이 쓴 글이었다. 다행히 그것은 양성 종양이었고 무려 여섯 시간에 걸친 수술 끝에 종양은 깨끗이 제거되었다. 그런데 섀론에 따르면 그런 끔찍한 상황에서도 수많은 긍정적인 일이 일어났다고 한다.

무엇보다 그녀는 위기를 겪으면서 친인척과 지역공동체가 보내준 지원에 깊은 감동을 받았다. 그냥 얼굴만 아는 정도에 불과한 사람들도 그녀의 남편과 아이들에게 저녁식사를 제공했고, 친구들은 순서를 정해 그녀의 집을 청소해주었다. 그때 섀론은 인간에게는 누군가가 도움을 필요로 할 때 친절을 베풀고 도와줄 능력이 있음을 배웠다.

인생 최대의 고비를 겪은 섀론은 보다 긍정적인 자세를 갖게 되었고 침상에 누워 있을 때 목표로 삼았던 일을 성취하고자 열정을 불태우고 있다. 또한 그녀는 형제자매들과 더욱 끈끈하고 깊은 관계를 맺게 되었다. 섀론은 그녀 스스로 말한 것처럼 자신이 겪은 불행을 통해 인생이 얼마나 멋진 것인가를 깨달았다. 나아가 그녀는 역경을 극복하면서 자신이 살아 있다는 것에 새삼 감사했고 삶에 대해 뜨거운 열정을 느꼈다.

비극을 놀라운 승리로!

성공으로 가는 길에는 곳곳에 역경이 숨어 있다. 기업가 데이브 브루노(Dave Bruno)는 경험을 통해 그 사실을 절절히 깨달았다. 1980년대에 그는 의료장비 회사에서 지역 판매 책임자로 승진하기 위한 수순을 밟고 있었다. 그와 그의 아내 그리고 세 아이들은 밀워키 교외의 아름다운 집에서 살고 있었고 삶은 지극히 평탄했다.

그런데 1984년 브루노는 느닷없이 해고를 당했고, 몇 달 후에는 아직 실직 상태일 때 밤에 집으로 차를 몰고 가다가 교통사고를 당하고 말았다. 그는 폐와 심장이 손상되고 갈비뼈가 부러졌으며 비장이 파열되었다. 여기에다 간에 상처까지 입어 졸지에 중환자로 전락했다.

의사들은 그가 과연 살 수 있을지 의심했고 브루노 역시 자신이 살 수 없을 거라고 생각했다. 다행히 사흘간 생명 보조 장치에 의존한 그는 기적적으로 소생했고 모두들 그가 두 번째 삶을 부여받았다고 생각했다.

몸이 차츰 회복되면서 그는 침상에 누워 남은 인생 동안 무엇을 할 것인지 궁리했다. 사고가 나기 전, 아니 살아오는 내내 그는 동기부여와 영혼을 뒤흔드는 문구를 모아왔다. 그의 어머니가 집 안 곳곳과 냉장고에 그런 문구들을 붙여 둔 덕분에 그는 청소년 시절부터 훌륭한 문구의 위대한 힘을 알고 있었다. 그는 늘 그런 문구들을 보면서 자극을 받았고 삶의 방향을 잡아 나갔다.

그러다가 그는 갑자기 자신이 해야 할 일을 떠올렸다. 다른 사람들도 자극을 받도록 훌륭한 문구들을 타인과 함께 나누는 사업을 하고 싶었던 것이다. 하지만 그는 어떻게 시작해야 할지 전혀 알지 못했고 그가 병원에서 퇴원할 때쯤에는 더욱더 비참한 소식이 그를 기다리고 있었다. 천문학적인 의료비 청구서가 날아든 것이다! 퇴원을 했어도 일할 수 있는 상태가 아니었기에 브루노는 파산 신청을 해야만 했다. 그의 가족은 아름다운 집을 잃고 허름한 아파트로 이사를 갔다.

> 고통이 없으면
> 다이아몬드도 없다.
>
> – 메리 케이스(Mary Case,
> 저명한 법의병리학자이자 검시관)

브루노는 여기에서 포기하지 않았고 긍정적인 자세와 끊임없는 추진력으로 계속 전진했다. 언제나 훌륭한 문구를 남과 함께 나눌 도구를 찾던 브루노는 몇 년 뒤 마케팅과 인쇄술을 배울 수 있는 직장을 구했다.

그러던 어느 날 그의 뇌리에 한 가지 아이디어가 스쳐 지나갔다. 그것은 바로 그가 모아놓은 문구들을 신용카드에 인쇄하는 것이었다.

그날 저녁 늦은 시간까지 TV를 보던 그는 한 신용카드 회사의 골드카드 광고를 보고 '저거야!'라고 생각했다. 그는 사람들이 어디서든 볼 수 있도록 황금색 카드에 문구를 새기려 한 것이다. 곧바로 그는 가세, 리더십, 끈기, 용기에 관한 주제로 문구 시리즈를 만들었고 이것을 '성공의 골드카드' 라고 불렀다.

병원에서 퇴원한 지 5년 만에 데이브 브루노는 첫 번째 성공의 골드카드를 팔았고, 지금은 200만 달러가 넘는 판매고를 올리고 있다. 그가 비극적인 교통사고를 놀라운 승리로 이끌어낸 것이다!

사업적 침체기는 불행을 가장한 기회다

이러한 규칙이 단지 비극에만 적용되는 것은 아니다. 이 점에서 내 믿음을 더욱 확고하게 해준 내 경험담을 들려주고자 한다.

1991년 봄, 나는 꼼꼼한 조사 끝에 티셔츠에 'Attitude is Everything'을 인쇄해줄 회사를 하나 선정했다. 그런 다음 6월 말 나는 이 티셔츠를 홍보하기 위해 전국 광고 캠페인에 전념했다. 그런데 7월 초에 심각한 문제가 발생하고 말았다. 애초에 약속한 대로 2주 내에 물건을 납품해주기로 한 인쇄업자가 5주가 지나도록 물건을 보내지 않았던 것이다. 화가 치민 나는 다른 인쇄업자를 찾기로 했다.

사실 나는 처음에 계약한 인쇄업자와 가격은 물론 납품

날짜까지 이미 조정해놓은 상태였다. 그러니 얼마나 심각한 상황인가? 같은 품질의 상품을 같은 가격이나 비슷한 가격에 납품해줄 인쇄업자를 찾지 못하면 나는 어떻게 해야 한단 말인가?

나는 의기소침하게 주저앉아 내 불운을 탓하는 대신 더 나은 인쇄업자를 찾아 나섰다. 그로부터 일주일 후 나는 원하던 인쇄업자를 찾아냈고 2주에서 5주가 아니라 이틀에서 나흘 내에 제품을 납품받기로 했다. 나는 그 후로도 계속 그 인쇄업자와 함께 일하고 있다.

> 위대함에 이르는 길은 멀고도 험난하다.
>
> – 세네카(Seneca, 에스파냐 출신의 고대 로마 철학자이자 극작가)

처음에 계약한 인쇄업자를 놓친 것이 오히려 행운으로 작용해 내게 더 좋은 일이 생긴 것이다. 물론 당시에는 나도 그것이 행운인지 잘 몰랐지만 아무튼 그 억울한 상황을 기회로 이용하리라고 굳게 마음먹었다. 결국 나는 해냈다! 그 경험 덕분에 나는 하나의 문이 닫히면 어딘가에서 그보다 훨씬 더 크고 좋은 문을 열 수 있음을 배웠다.

불행했던 경험이 긍정적인 일로!

내가 개인적으로 경험한 직업 변천사도 고난과 역경 속에서 어떻게 도움을 받을 수 있는지 보여주는 사례다. 나는 루

스쿨을 졸업한 후 변호사 생활을 하면서 몇 년간 힘든 시기를 보내기 전에는 자기계발 프로그램에 전혀 관심이 없었다. 내 직업에서 고통을 느끼며 몸부림을 치고 나서야 새로운 규칙을 발견한 것이다.

이제는 내가 당시에 겪은 모든 불행이 불행을 가장한 축복임을 알고 있다. 나를 힘들게 한 모든 일이 앞으로 다가올 행운을 못 보게 만든 함정이라는 것을 이젠 분명히 안다. 나는 긍정적인 자세가 지닌 엄청난 힘을 깨닫기 위해 그토록 힘들고 고통스런 시절과 침체기를 겪은 셈이다.

덕분에 나는 누군가가 의기소침해하거나 부정적인 자세를 보일 때 그가 어떤 기분일지 잘 알고 있다. 나도 다 겪어본 일이기 때문이다! 고통스런 시기를 보낼 때는 세상의 온갖 짐을 나 혼자 짊어진 듯했지만 지나고 보니 그때 나는 굉장히 소중한 교훈을 배운 것이었다. 그 경험은 내가 내 강연을 듣거나 내 글을 읽은 사람들과 공감대를 형성하는 데 큰 도움을 주었다.

사실 내가 변호사라는 직업에 그토록 실망하지 않았다면 나는 직업을 바꿀 기회를 얻지 못했을 것이다. 내 직업이 점수로 따져 C나 C- 정도만 됐더라도 난 계속 변호사로 지냈을지도 모른다. C등급의 생활에 안주하면서 말이다.

문제는 내 직업이 C도 아닌 D 정도였다는 데 있었다. 더구나 나는 시간이 갈수록 F로 추락하고 있었다. 내가 무언가 변화가 필요하다고 생각한 이유가 여기에 있다.

누군가가 내게 왜 직업을 바꿨느냐고 물으면 나는 주저하지 않고 대답한다.

"너무 아파서요."

실제로 나는 신체적, 정신적, 영적으로 병들어 있었다. 그냥 무시하기엔 그 고통이 너무 컸기에 나는 결단하고 과감히 방향을 전환한 것이었다. 지금 내 인생은 A등급으로 올라섰고 모든 상황이 좋아지고 있다!

이제 여러분의 인생을 한번 돌아보라. 과거에 불행했던 경험이 긍정적인 일로 바뀐 적이 있는가? 어쩌면 여러분은 직장에서 해고당했다가 더 나은 직업을 찾았을지도 모른다. 아니면 건강이 좋지 않아 다이어트를 하거나 규칙적으로 운동을 한 덕분에 건강이 전보다 훨씬 더 좋아졌을 수도 있다.

> 역경은 숨어 있는
> 잠재력을 이끌어낸다.
>
> – 제프 켈러

여러분이 겪은 고난이나 걸림돌을 다시 한 번 주의 깊게 살펴보라. 그리고 그런 고난이나 걸림돌로부터 어떤 가르침과 도움을 받았는지 생각해보라. 꼼꼼히 들여다보면 긍정적인 일은 어디에든 있게 마련이다.

역경은 우리에게 무엇을 주는가

그러면 이쯤에서 역경이 우리에게 가져다주는 것이 무엇인지 살펴보자.

첫째, 역경은 시야를 넓혀준다.

인생 자체가 붕괴될 뻔했던 위험에서 벗어난 다음에는 펑크 난 타이어나 허술한 지붕에서 물이 새는 것 같은 사소한 일은 더 이상 문제로 보이지 않는다. 일상의 자질구레한 일에서 벗어나 삶에서 진정으로 중요한 일에 관심이 쏠리는 것이다.

둘째, 역경은 감사하는 마음을 갖게 해준다.

역경과 고난을 겪고 나면, 특히 무언가를 상실한 다음에는 삶의 많은 부분에 더 많이 감사하게 된다. 진부한 얘기라고 할 수도 있지만 이것은 진실이다. 대개 무언가를 잃기 전에는 그것의 소중함을 알지 못한다. 갑자기 온수가 막혀 찬물만 나오면 온수가 소중하게 느껴지고, 질병이 찾아오면 건강이 얼마나 소중한 것인지 깨닫는다.

현명한 사람은 무언가를 상실하거나 빼앗긴 후에도 계속 축복을 받으며 살아간다. 삶은 지배적인 생각이 흐르는 방향으로 움직인다는 사실을 늘 기억해야 한다. 역경이 인생에 좋은 것을 가져다준다는 사실에 항상 감사하라.

셋째, 역경은 숨어 있던 잠재력을 이끌어낸다.

깊은 슬픔에서 살아남거나 커다란 걸림돌을 극복한 후

에는 감정적으로 강해진다. 인생은 여러분을 시험했고 여러분은 그 시험에 무사히 통과한 셈이다. 그래서 다음에 또 다른 걸림돌이 나타나면 여러분은 그 걸림돌을 전보다 훨씬 잘 극복한다.

고난과 역경은 우리의 잠재력을 최대한 이끌어내기 때문에 전에 몰랐던 자신의 능력을 발견하기도 한다. 인생이 우리에게 울퉁불퉁한 길을 걷게 하지 않았다면 평생 발견하지 못했을 재능 말이다. 역경에 부딪히면 여러분은 내면에 잠재된 힘과 능력을 드러내는 것을 넘어서서 그 능력을 더욱 계발할 수 있다.

넷째, 역경은 우리가 변화를 받아들여 행동하게 만든다.

사람들은 대부분 오래되고 자신에게 익숙한 방식만 선택하려 한다. 그것이 인생을 얼마나 지루하고 고통스럽게 만드는가는 전혀 생각하지 않는다. 사람들은 보통 위기 상황이 닥치거나 일련의 문제가 발생해야 그에 적응하기 위해 애쓴다. 때로 문제는 현재 여러분이 길에서 이탈해 있으니 새롭게 방향을 잡아 나가라는 신호가 되어주기도 한다.

다섯째, 역경은 우리에게 소중한 가르침을 전해준다.

사업에 실패한 사업가를 본보기로 삼아라. 그 사업가는 실패를 통해 다음 사업에서 성공을 이룰 무언가를 배운다.

여섯째, 역경은 새로운 문을 열어준다.

어떤 하나의 관계가 끝나면 여러분은 보다 더 만족스러운 관계를 새로 형성할 수 있다. 일자리를 잃으면 더 나은 일자리를 구할 수 있다. 이 경우 문제는 전혀 문제가 되지 않으며 오히려 그 문제는 문제를 가장한 기회일 수 있다. 인생에서 하나의 문이 닫히면 여러분이 열어주기를 기다리는 더 좋은 문이 있는 법이다.

일곱째, 역경은 확신과 자긍심을 심어준다.

힘껏 용기를 내 걸림돌을 극복하겠노라고 결심하면 자신이 더욱더 유능하게 느껴지고 믿음직스러워진다. 또한 자신이 보다 소중하게 느껴진다. 이 모든 긍정적인 감정은 자연스럽게 긍정적인 행동으로 이어진다.

긍정 쪽을 보라

인생에는 각자에게 주어지는 역경과 고난의 몫이 있게 마련이다. 그렇다고 비극적인 상황에 놓였을 때 자신의 감정과 현실을 무시하라는 얘기는 아니다. 내가 말하고자 하는 것은 그 자리에서 곧바로 비극으로 단정 짓고 자신의 불운을 탓하며 주저앉지 말라는 것이다. 그 비극적인 상황 뒤에 감춰진 축복이 당장은 눈에 보이지 않을 수도 있지만 분명 어딘가에 존재한다.

여러분에게는 언제나 선택권이 있다. 여러분 앞에 닥친 문제를 오로지 부정적인 시선으로 바라보며 우울해하고 의기소침해할 수도 있지만 그러면 사태가 더욱 악화될 뿐이다. 반대로 부정적으로 보이는 그 일을 인생의 기회로 삼을 수도 있다. 무언가를 더 배우고 성장하는 기회 말이다. 믿든 말든 여러분 앞에 닥친 고난은 여러분을 무너뜨리려는 것이 아니라 여러분에게 도움을 주기 위해 찾아온 것이다.

그러므로 다음에 고난에 부딪히거나 걸림돌을 만날지라도 결코 낙심하거나 포기하지 마라. 고난이 여러분의 자세의 창을 영원히 더럽히지 않도록 하라. 더러워진 창을 깨끗이 닦아라. 먼지를 깨끗이 닦아내면 모든 것이 선명하게 보일 것이다.

나폴레온 힐이 한 말을 항상 기억하라.

"모든 역경 뒤에는 그에 상응하거나 그보다 더 위대한 은혜의 씨앗이 숨어 있다."

고된 경험 끝에 무엇을 배웠는지 여러분 자신에게 끊임없이 물어보면서 앞으로 나아가라. 계속해서 성장하는 데 몰두하라. 위기가 닥치면 늘 낙천적인 자세를 유지하면서 마음을 열어놓아라. 그러면 여러분은 고난 뒤에 숨은 혜택을 찾을 수 있을 것이다.

제2장 ─────────────

말을 조심하라

무엇이든 반복해서 하다 보면
언젠가는 그것이 자신의 일부로 여겨진다.

- 톰 홉킨스 (Tom Hopkins, 세계적인 세일즈맨이자
  세일즈 트레이너)

Lesson 1 ————————————

당신의 말이
운명을 좌우한다

당신이 반복적으로 사용하는 말이
당신의 운명을 결정한다.

- 앤서니 라빈스(Anthony Robbins, 세계적인 리더십 전문가)

매일 사용하는 말에 대해 마지막으로 심각하게 생각해본 적이 언제인가? 여러분은 말을 할 때 얼마나 주의를 기울이는가?

왜 갑자기 말을 갖고 법석을 떠느냐고? 말이 무슨 대수냐고? 아직 잘 모를 수도 있지만 여러분이 매일 사용하는 말에는 엄청난 힘이 담겨 있다. 여러분이 사용하는 말이 밝은 미래를 설계해줄 수도 있고 반대로 기회를 파괴할 수도 있으며 현 상태를 그대로 유지해줄 수도 있다는 얘기다. 말은 믿음을 강하게 만들고, 믿음은 현실을 창조한다. 이 과정을 도미노처럼 연결하면 다음과 같다.

예를 들어 톰이 이런 생각을 한다고 가정해보자.

'나는 판매에 소질이 없어.'

그가 그런 생각을 딱 한 번만 하는 게 아니라는 사실을 기억하라. 그는 마음속으로 늘 이렇게 생각하고 있으며 평생 수백 번, 아니 수천 번을 되뇔지도 모른다. 나아가 톰은 그런 생각을 뒷받침해주는 말을 사용한다.

가령 친구들이나 동료들에게 "난 절대로 판매 분야 일은 못할 거야" 혹은 "고객에게 전화하고 그들을 만나는 것은 정말 싫어"라고 말한다. 톰은 이 말을 반복하고 또 반복한다. 남들에게뿐 아니라 자기 자신에게도 독백처럼 중얼거린다.

이 말은 그의 믿음에 확신을 주는데 이 단계에서 불행에 가속도가 붙는다. 알고 있다시피 인생에서 무엇을 성취하는가는 그 사람의 믿음에서 비롯되기 때문이다. 결국 톰은 자신이 판매에 별로 소질이 없으므로 큰돈을 벌 수 없을 거

라는 믿음을 강화하는 셈이다. 이러한 믿음은 그의 잠재의
식에 깊이 뿌리박힌다.

톰이 이렇게 믿을 경우 그 결과가 어떨까? 그는 자신의
판매 능력을 그다지 신뢰하지 않으므로 거의 아무런 행동
도 하지 않거나 별로 생산적이지 않은 행동을 할 것이다. 판
매에서 성공을 거두는 데 필요한 어떠한 행동도 하지 않는
다는 말이다. 그 결과가 보잘것없으리라는 것은 불을 보듯
뻔한 일이다.

여기에 더해 톰은 더욱 부정적인 생각을 하기 시작한다.
그런 부정적인 생각을 반복하고 그 부정적인 믿음에 확신
을 더하며 결과적으로 더 부정적인 결과를 만들어낸다. 이
는 한마디로 불행의 악순환을 만들어내는 셈이다.

만약 톰이 긍정적인 생각을 하고 긍정적인 말을 사용한
다면 어떻게 될까? 당연히 그 사
이클이 긍정적으로 흘러 행복한
결과를 얻는다. 나아가 톰은 자신
이 판매 분야에서 성공할 것임을
확신하고 결과적으로 그 믿음에
부응하는 행동을 한다. 물론 그 결
과는 매우 놀라운 수준일 것이다.

> 말은 인류에게
> 가장 효과가 큰 마약이다.
>
> - 조지프 러디어드 키플링
> (Joseph Rudyard Kipling,
> 인도 출신의 영국 소설가이자 시인)

내가 말하고자 하는 핵심은 삶의 모든 과정에서 말이 차
지하는 비중을 과소평가하지 말라는 점이다. 자신에게 계
속해서 부정적인 말만 하는 사람은 결국 부정적인 자세로

살아간다. 모든 결과는 원인에서 비롯되므로 이는 당연한 이치다. 계속해서 부정적인 말만 사용하는데 어떻게 크게 성공하리라는 기대를 할 수 있겠는가. 부정적인 말은 부정적인 믿음을 확인시켜주며 결국 부정적인 결과를 낳는다.

나는 왜 집수리에 소질이 없을까?

나는 남자이지만 집수리에 전혀 소질이 없다. 수도꼭지를 새로 바꾸거나 정화조를 고치느니 차라리 나는 에베레스트 산을 오르는 걸 택하겠다. 목공일이나 전기 수리에 대해서도 아는 바가 전혀 없다. 내 아킬레스건은 바로 무언가를 조립하기 위해 방금 상자에서 꺼낸 사용설명서다. 이게 무슨 말인지 잘 알 것이다. 이건 여기에 맞추고 저건 저기에 맞추고 하면서 이런저런 설명을 해주는, 아니 아예 보라고 강요하는 하얗고 까만 사용설명서 말이다.

내게 그런 사용설명서는 크립토나이트가 슈퍼맨에게 영향을 미치는 것과 똑같은 효과를 낸다. 여러분도 아마 한때 슈퍼맨의 열기에 휩쓸렸으리라. 악당이 슈퍼맨에게 총을 쏘면 총알이 가슴에서 튕겨져 나올 만큼 슈퍼맨은 강하다. 그런 슈퍼맨이 방어하지 못하는 것이 딱 한 가지 있는데 그게 바로 크립토나이트다. 악당이 크립토나이트를 들어 올릴 때마다 슈퍼맨은 비틀거리면서 힘을 쓰지 못한다.

나도 사용설명서를 볼 때마다 다리가 후들거리고 몸에서 힘이 쭉 빠져나간다. 아무리 설명서와 씨름해도 소용이 없다는 것을 잘 알기 때문이다. 나는 깨알같이 늘어놓은 설명서를 읽고 또 읽어도 이해할 수가 없다. 어쩔 수 없이 나는 아예 설명서를 팽개치고 아내를 불러 방법을 알려달라고 부탁한다. 그런 것은 아내에게 식은 죽 먹기보다 쉬운 일이기 때문이다.

어쩌다 내가 이 모양이 되었을까? 그렇다고 내가 굉장히 똑똑하다는 것은 아니지만 제법 영리한 편에 속한다고 생각하는데 말이다. 다른 사람들이 죄다 타고난 집수리 기술 유전자를 나만 못 받은 것일까? 아무리 생각해도 그건 아닌 것 같다.

답은 분명하다. 지난 40년 동안 내가 줄곧 "나는 기계를 만지는 데 전혀 소질이 없어", "난 아무것도 고치지 못해"라고 말해왔기 때문이다. 그렇게 40년 동안 부정적인 말만 하다 보니 어느새 나는 아무것도 고치지 못하는 사람이 되어버렸다.

이제 내가 아무 생각 없이 말을 내뱉다가 이 지경까지 이르렀다는 사실을 이해하겠는가? 만약 내가 "난 뭐든 잘 고칠 수 있어"라고 긍정적인 말을 하며 살아왔다면 아마 난 그 반대의 상황에 있었을 것이다.

생각해볼 가치가 있는 어느 과학자의 말

몇 년 전 나는 미국 항공우주국(NASA)의 타행성 생물체 탐색 프로젝트를 지휘한 과학자 켄트 컬러스(Kent Cullers)에 관한 기사를 읽었다. 물리학 분야 박사인 컬러스는 우주에 다른 생명체가 나타났을 때 신호를 보내는 라디오 주파수 소프트웨어를 개발하는 중이었다.

마치 〈스타 트렉(Star Trek)〉 속의 얘기처럼 들리지 않는가? 이것은 엄연히 현실 속의 과학적 연구지만 컬러스에게는 극복해야 할 신체적 장애가 있었다. 한데 컬러스는 자신의 상태를 "사소한 장애, 약간의 불편함"이라고 표현했다. 컬러스의 신체적 장애가 무엇인지 아는가? 소소한 관절염? 때때로 일어나는 두통? 그 정도가 아니다.

> 말에는 그 사람의 마음 상태와 기질이 나타난다.
>
> – 플루타르코스(Ploutarchos, 그리스의 철학자이자 전기 작가)

켄트 컬러스는 장님이다. 앞이 보이지 않는 장애를 그가 '사소한 장애'나 '약간의 불편함'이라고 표현한 것이 정말 놀랍지 않은가? 켄트 컬러스는 남들이 커다란 장애라고 여기는 것을 가볍게 표현함으로써 자신에게 위대한 무언가를 성취할 힘을 부여한 셈이다. 그는 자신의 장애를 전혀 한계라고 여기지 않았으며 결과적으로 두 눈이 말짱한 사람들보다 더 위대한 일을 성취했다.

지금 여러분 앞에 놓인 문제는 무엇인가? 그것을 넘을 수 없는 장벽으로 여기는 대신 조금 불편한 것이라고 생각할 때 여러분이 발휘할 수 있는 힘을 한번 생각해보라.

말을 할 것인가, 말 것인가

내가 목표 달성을 위해 노력할 때 긍정적인 말이 얼마나 중요한 역할을 하는지 말해주면 이런 질문을 하는 사람들도 있다.

"제프, 긍정적인 말을 나 자신에게만 해야 하나요, 아니면 다른 사람들에게도 해야 하나요?"

하긴 남에게 여러분의 목표를 말하면 그들이 여러분을 비웃거나 자만한다고 비난할까 봐 걱정스러울 수도 있다. 그와 관련해 몇 가지 방법을 제시하겠다. 그렇지만 여기에 왕도는 없으며 그저 여러분에게 가장 효과가 큰 방법을 선택하는 것이 좋다는 사실을 기억했으면 한다.

우선 가능한 한 자주 긍정적인 독백을 한다. 내가 볼 때 이것은 많으면 많을수록 좋다. 여러분 자신에게만 이야기하는 것이므로 남이 들을까 봐 걱정할 필요도 없다. 중요한 것은 긍정적인 말을 계속해서 여러분 자신에게 들려주다 보면 어느새 그것이 무의식 속에 깊이 새겨진다는 점이다.

남에게 여러분의 목표를 말하는 데는 독백보다 훨씬 더

많은 기술이 필요하다. 이와 관련해 내가 배운 것 중 하나는 부정적인 사람에게는 절대로 목표를 얘기하지 않아야 한다는 사실이다. 그들은 무슨 말을 듣든 오로지 여러분이 성공할 수 없는 이유만 늘어놓기 때문이다. 그러니 말할 필요가 어디 있는가? 그처럼 부정적인 사람들은 자신의 인생을 위해 별다른 노력을 기울이지 않는다. 심지어 아무런 목표도 꿈도 없고 남들이 성공하는 것도 바라지 않는다.

반면 남에게 자신의 목표를 말함으로써 도움을 받는 경우도 있다. 무엇보다 이야기를 듣는 상대방이 매우 긍정적이고 여러분의 노력을 전적으로 지지하는 사람이라는 확신이 있어야 한다. 이들이야말로 여러분이 목표를 성취했을 때 진심으로 기뻐해주며 여러분을 위한 것이면 무엇이든 지지해준다. 찾아보면 주위에 이처럼 긍정적인 친구나 동료가 있을 것이다. 아니면 그 상대방이 가족일 수도 있다.

원하는 목표를 달성하려 할 때 함께 일하는 사람들과 목표를 공유하는 것은 매우 중요한 일이다. 예를 들어 영업팀장이 다음 해의 매출액을 20퍼센트 높이려 할 때는 같은 팀원들에게 그 목표를 알려준다. 그래야 모든 팀원이 목표를 달성하기 위해 힘을 모을 수 있기 때문이다.

목표를 달성하기 위해서는 긍정적인 말을 사용해야 하지만 이것이 여러분 앞에 닥친 걸림돌을 그냥 무시해도 좋다는 의미는 아니다. 어떤 목표를 실행하기 전에 앞으로 닥칠 문제에 미리 대비하는 것이 좋다. 개인적으로 나는 긍정적인 사람과 의논하는 것을 선호한다. 앞으로 닥칠지도 모를 어려움에 대비해 참신한 대안을 제시해주는 사람 말이다.

나라면 내가 이루고자 하는 문제에 대해 현명한 의견을 내놓을 만한 사람하고만 내 계획을 의논하겠다. 만약 새롭게 사업을 시작할 경우 엘머 삼촌과 의논하는 것은 그다지 좋은 방법이 아니다. 엘머 삼촌이 부정적인 사람이고 평생 남 밑에서 일해 온 사람이라면 더욱더 그렇다. 여러분이 하려는 사업에 대해 삼촌이 얼마나 알고 있겠는가? 삼촌은 분명 여러분이 그 사업을 해서는 안 되는 이유만 줄줄 나열할 것이다. 그런 부정적인 말을 듣고 나면 여러분은 자신의 능력에 대해 의심을 품게 마련이다. 그런 것은 도움이라고 할 수 없다!

말과 책임감

여러분이 다른 사람에게 목표를 말하는 것이 좋은 이유는 또 있다. 그것은 바로 말에 대한 책임감 때문이다. 즉, 여러분이 남에게 뭔가를 해내겠다고 말하면 그 말을 책임지기 위해 열심히 노력하게 된다! 이것은 마치 배수의 진을 치는 것과 같다.

사실 나는 인간적, 사업적인 관계에서 배수의 진을 치는 것이 그리 효과적이라고 생각하지 않는다. 그러나 살아가다 보면 한 발 전진하기 위해 혹은 야심찬 목표를 달성하기 위해 아예 퇴각로를 없애는 것이 유일한 방법일 때도 있다.

예를 들어 친구에게 이번 주에 최소한 사흘은 체육관에 가서 운동을 하겠다고 말했다면 어떨까? 주말이 되면 친구가 운동을 했느냐고 물어볼 테니 그 물음에 자신 있게 대답하기 위해 일주일에 최소한 사흘은 체육관에 갈 확률이 높다.

보다 더 극적인 일로 유명한 동기부여 연설가 지그 지글러(Zig Ziglar)의 사례가 있다. 그는 다이어트를 실행해 몸무게를 75킬로그램에서 61킬로그램으로 줄이겠다는 결심을 했다. 당시 그는 《정상에서 만납시다(See You At The Top)》라는 책을 저술하는 중이었다. 지글러는 그 책에 자신의 몸무게를 61킬로그램으로 줄이겠다는 글을 썼고 그때는 책을 출판하기 10개월 전이었다. 그는 인쇄업자에게 책을 2만 5,000부나 주문했다!

> 늘 돈이 없다고
> 투덜대는 사람은 평생
> 많은 돈을 모을 수 없다.
>
> - 제프 켈러

그가 책에 그 글을 썼을 때 그의 몸무게가 75킬로그램이었다는 사실을 기억하라. 그는 2만 5,000명의 독자에게 결심을 공표함으로써 자신을 '말에 대한 책임감'으로 옭아맨 것이다. 그는 이미 몸무게를 61킬로그램으로 줄이겠다고 썼기 때문에 책을 출판하기 전에 무슨 일이 있어도 몸무게를 줄여야 했다. 결국 그는 해냈다!

그렇지만 이런 방법은 아주 제한적으로 사용하라. 여러분에게 정말로 중요한 목표라서 전념할 수 있다는 확신이 들 경우에만 사용하는 것이 바람직하다. 조금 위험해 보이긴 하지만 사실 이보다 더 크게 동기를 부여해주는 방법은 없다.

말과 감정

미국의 심리학자 앤서니 라빈스는 그의 베스트셀러《네 안에 잠든 거인을 깨워라(Awaken the Giant Within)》에서 전 장에 걸쳐 우리의 말이 감정과 믿음, 삶의 효율성에 얼마나 큰 영향을 미치는가를 설명하고 있다. 내가 앤서니의 철학에 모두 동의하는 것은 아니지만 말의 힘에 대한 그의 관찰력은 대단하다고 생각한다. 앤서니는 어떤 특정한 말이 우리의 감정에 끼치는 영향을 날카롭게 지적하고 있다.

예를 들어 누군가가 여러분에게 거짓말을 했다고 가정해보자. 어쩌면 여러분은 화를 내며 격앙된 목소리로 감정을 드러낼지도 모른다. 이때 만약 '격분한', '격노한', '몹시 노한' 등의 말을 사용하면 여러분의 생리적인 상태와 행동은 극적으로 변화한다. 즉, 혈압이 오르고 얼굴은 붉으락푸

르락하며 온몸이 긴장한다.

반면 똑같은 상황에서 '불편한', '언짢은'이라는 말을 쓰면 어떻게 될까? 흥미롭게도 감정이 상당히 가라앉는다. 앤서니는 '언짢은'이라는 말을 하면 웃음이 나올 수도 있다고 설명했다. 다시 말해 부정적인 감정이 완전히 사라지거나 마음이 훨씬 더 편안해진다는 얘기다.

앤서니는 부정적인 감정을 누그러뜨리는 또 다른 방법도 제시한다.

가령 '난 완전히 망했어'라는 말 대신 '조금 손해 봤어'라고 하고, '증오해'라는 말 대신 '덜 좋아해'라는 말을 쓰는 것이다. 긍정적인 감정을 북돋우는 말도 선택적으로 사용할 수 있다. '난 결정했어!' 대신 '난 멈출 수 없어!'라고 말하는 것은 어떨까? 아니면 기분이 괜찮다는 말을 할 때 '기분이 굉장히 좋아' 혹은 '기분이 정말 끝내주네'라고 말해보라.

> 목표를 향해
> 나아가게 해주는 말을
> 선택해서 사용하라.
>
> – 제프 켈러

활기찬 말을 사용하면 기분이 훨씬 더 좋아지고 결국 주위에 있는 사람들에게도 좋은 영향을 준다. 이런 말을 계속 사용하다 보면 인생항로까지 바꿀 수 있다. 나아가 타인이 여러분을 대하는 자세가 달라지고 여러분도 스스로를 새롭게 인식하게 된다.

평소에 어떤 말을 사용하는지 자세히 살펴보자

그럼 여러분의 인생을 잠깐 돌아보자. 평소에 '나는 못해', '난 ~에는 소질이 없어', '그건 내게 불가능해'라고 말하는 분야가 있는가? 우리는 일상생활 속에서 이런 말을 자주 하거나 듣는다.

> "나는 그림을 못 그려."
> "나는 수학을 못해."
> "나는 이름을 잘 기억하지 못해."
> "나는 평생 그런 돈은 못 벌 거야."

이처럼 부정적인 말을 10년, 20년, 30년 동안 계속하고 있다면 여러분은 결국 실패하도록 스스로 마음을 조정하는 셈이다. 이 모든 것은 여러분의 자세에서 비롯된다. 부정적인 말은 부정적인 자세를 반영하는 것이다. 더러운 창으로 세상을 바라보면 부정적인 말을 한 끝에 실망스런 결과를 얻을 뿐이다.

다행히 여러분이 스스로 말을 통제할 수 있다면 이는 여러분에게 긍정적인 신뢰 시스템을 만들 능력, 나아가 여러분이 원하는 결과를 얻을 능력이 있음을 의미한다.

그 첫 단계는 여러분이 무슨 말을 하는지 인지하는 일이다. 인생에서 가장 중요한 네 가지 분야, 즉 인간관계, 재정,

직업, 건강에서 여러분이 주로 어떤 말을 사용하는지 자세히 살펴보자.

① 인간관계(Relationship)

여러분은 평소에 "내 곁에는 좋은 사람이 하나도 없어"라거나 "사람들이 항상 나를 이용하려고만 해"라고 투덜대는가? 정말 그렇다면 여러분은 불행한 인간관계를 맺도록 자기 자신을 조정하는 셈이다. 여러분이 하는 말을 들은 마음이 그 말이 맞는다는 것을 증명하려고 움직이기 때문이다. 여러분이 좋지 않은 사람이나 여러분을 이용하려는 사람만 끌어 모으도록 스스로 마음을 조정한다는 얘기다. 여러분은 이런 상황을 원하는가? 만약 그렇지 않다면 부정적인 말을 더 이상 반복하지 마라.

② 재정(Finances)

현재의 경제적인 상황이나 미래에 대한 생각을 말할 때 여러분은 주로 어떤 말을 사용하는가? "나는 항상 빚을 지고 산다", "주머니 사정이 별로다", "장사가 전혀 안 된다" 같은 말은 여러분에게 나쁜 영향을 끼친다. 그러므로 그보다는 미래지향적인 말이나 보다 나은 경제 상황을 약속하는 말을 사용하는 편이 낫다. 물론 말하는 방식을 바꾼다고 해서 몇 년 만에 많은 돈을 벌 수 있다는 보장은 없지만, 여러분의 믿음이 변하면 물리적인 조건도 서서히 바뀐다. 그 첫 단계가 부정적인 말을 긍정적인 말로 바꾸는 일이다.

가난하다고 늘 한탄하는 사람이 부를 축적하는 경우는 없다. 항상 돈이 없다고 불평하는 사람은 대개 많은 돈을 벌지 못한다.

③ 직업(Career)

여러분은 앞으로 10년 뒤에 직장에서 어떤 위치에 있을 것 같은가? 솔직히 대답해보라. 지금과 별로 다르지 않을 거라고 말할 것인가, 아니면 현재보다 더 높은 직위에 있을 거라고 말할 것인가? 만약 여러분이 더 높은 직위에 오른다면 더 많은 도전을 받고 책임감도 커지며 경제적인 보상도 더 많이 받을 것이다.

여러분이 어떤 위치에 있을지 잘 모르겠다고 대답한다면 앞으로 10년 뒤에도 상황이 변하지 않을 가능성이 크다. 그 대답이 여러분에게는 별로 비전이 없고 방향조차 제대로 잡지 못하고 있다는 사실을 보여주기 때문이다. 반대로 여러분이 목표를 분명히 말한다면 설령 자기 자신에게만 말하는 것일지라도 여러분이 목표를 성취할 가능성은 충분하다.

자기 사업을 하는 경우에도 마찬가지다. 여러분은 앞으로 사업이 계속 번창할 거라고 말하는가, 아니면 다음 단계로 성장하기 어려울 거라는 말을 반복하고 있는가?

④ 건강(Health)

말이 건강에 깊은 영향을 미친다는 것은 분명한 사실이다. 예를 들어 나와 여러분이 다른 몇 명과 함께 완벽하면서도 맛있는 식사를 했다고 해보자. 그로부터 두 시간이 지난 뒤 내가 여러분에게 전화를 걸어 함께 식사한 사람들이 모두 병원에 실려가 식중독 치료를 받았다고 말한다면 어떨까? 내가 전화를 하기 전에 여러분은 분명 컨디션이 아주 좋았다. 그렇다면 내 전화를 받고 여러분은 어떤 반응을 보일까?

틀림없이 배를 움켜잡을 것이고 얼굴이 창백해지면서 몹시 아픈 느낌을 받을 것이다. 왜 그럴까? 내 말이 여러분에게 스며들어 몸이 그에 따른 반응을 보이기 때문이다.

그것이 모두 거짓말이고 내가 농담을 한 것일지라도 반응은 마찬가지다. 몸은 여러분이 듣는 말과 다른 사람이 하는 말에 반응을 보이게 마련이다. 그러므로 "빌어먹을 내 허리는 평생 나를 괴롭힐 거야"라거나 "1년에 서너 번은 이렇게 지독한 감기를 앓는다니까" 같은 말을 계속해서 하는 것은 전혀 도움이 되지 않는다. 그런 말을 반복적으로 사용하면 여러분의 몸은 실제로 병이 들고 만다.

하지만 오해는 하지 마시라. 절대로 통증이나 질병을 무시해도 좋다거나 어떤 병이든 스스로 치유할 수 있다는 얘기가 아니다. 다만 고통과 상황을 악화시키기만 하는 말을 사용하면 좋을 게 하나도 없다는 말을 하고 싶을 뿐이다.

선택권은 당신에게 있다

인간관계, 재정, 직업, 건강의 영역에서 여러분이 주로 어떤 말을 사용하는지 깊이 생각해본 적이 있는가? 어떤 말을 반복해서 사용하는 것은 마치 뇌에 홈을 파는 것과 같다. 이 경우 우리의 뇌는 고장 난 레코드처럼 지겹도록 후렴구만 들려준다.

더 큰 문제는 이런 말을 사용할 때마다 그 홈이 점점 깊어진다는 데 있다. 그러면 마음속에서 오래된 후렴구가 반복해서 울려나오고 그 믿음이 더 깊어져 결국 똑같은 결과만 얻고 만다.

과거에 어떤 말을 했다고 해서 계속 그렇게 할 필요는 없다. 물론 언어 습관을 바꾸는 데는 약간의 훈련과 주의가 필요하지만 거기에는 그만한 가치가 있다. 지금부터라도 의식적으로 여러분을 성공으로 이끌어줄 말만 골라서 사용해보라. 주위의 친구나 동료에게 여러분이 부정적인 말을 할 때마다 지적을 해달라고 부탁하라.

목표 달성을 향해 나아가는 데 도움을 주는 말을 할 것인지 아닌지는 전적으로 여러분에게 달려 있다. 여러분이 목표로 향하도록 이끌어주는 말을 사용하고 행동하라. 그리고 멋진 세상을 향해 이제 막 여행을 떠난 여러분의 모습을 지켜보라.

Lesson 2 _____

당신은 '안녕'한가?

당신의 하루는
당신의 말이 향하는 방향으로 움직인다.

- 작자 미상

'어떻게 지내십니까?', '요즘 어떠세요?', '오늘 어떠셨어요?'라는 말을 자주 써서 그런지 우리는 그 말에 대답하는 방식을 아주 가볍게 여긴다. 그런데 우리는 하루에 최소한 열 번은 이 질문에 대답하고 많으면 쉰 번 이상도 한다. 이 정도면 결코 가벼운 일이 아닐뿐더러 오히려 일상에서 매우 중요한 부분이라고 봐야 한다.

　누군가가 '어떻게 지내십니까?'라고 물었을 때 여러분은 뭐라고 대답하는가? 대개는 몇 마디를 넘지 않을 것이다. 한데 그 짧은 대답만으로도 여러분에 대해 많은 것을 알 수 있다. 그 대답이 여러분의 자세를 있는 그대로 보여주기 때문이다. 사실 여러분의 대답은 말 그대로 여러분의 자세를 형성한다.

'어떻게 지내십니까?'라는 질문에 대한 대답은 세 가지 범주로 나뉜다. 그것은 부정적인 것, 평이한 것, 긍정적인 것을 말한다. 그러면 이 세 가지 범주를 자세히 알아보고 어떤 대답이 여기에 해당하는지 살펴보자.

부정적인 대답

'어떻게 지내십니까?'라는 질문에 대한 부정적인 대답에는 주로 이런 표현이 있다.

"별로예요."
"끔찍해요."
"피곤해요."
"오늘은 별로 일진이 안 좋군요."
"오늘이 금요일인 게 다행이에요."
"하루가 조금만 더 길었어도 빈털터리가 됐을 거요."
"묻지 마시오."

누군가가 '묻지 마시오'라고 대답한다면 여러분은 지금 공연히 문제를 만들고 있는 셈이다. 아마도 그는 곧바로 불평을 늘어놓을 것이고 애초에 여러분이 '어떻게 지내십니까?'라고 묻지 말걸 하고 후회하도록 만들기 십상이다.

'오늘이 금요일인 게 다행이에요'라고 대답하는 사람은 어쩌면 인생이 불쌍한 사람인지도 모른다. 이 말을 곰곰이 생각해보라. 일주일 가운데 월요일, 화요일, 수요일, 목요일이 불행한 날이라는 말이 아닌가. 이런 사람에게는 직장에 나가는 닷새 중에서 나흘이 지겨운 날이다. 나머지 하루, 즉 금요일만 그럭저럭 견딜 만한 날이다. 그다음 이틀이 휴일이기 때문이다. 여러분도 그렇게 살고 있는가? 이런 부정적인 말이 자세에 어떤 영향을 끼칠지 또 타인에게는 어떤 영향을 줄지 짐작이 가는가?

평이한 대답

평이한 대답을 하는 사람은 부정적인 대답을 하는 사람에 비해 조금 나은 편이지만 역시 개선의 여지가 많다. 평이한 대답의 예를 들면 다음과 같다.

"그럭저럭 괜찮아요."
"그저 그래요."
"더 나빠지지 않으면 다행이죠."
"늘 같아요."

"좋을 것도 나쁠 것도 없죠."
"견딜 만해요."

삶이 '그럭저럭 괜찮다'는 사람과 함께 시간을 보내고 싶은가? 이런 사람과 사업을 함께하고 싶은가? 이처럼 흐릿한 말을 쓰다 보면 조금만 좋지 않은 일이 생겨도 온 몸에 힘이 쭉 빠진다. '더 나빠지지 않으면 다행이죠'라고 말하는 사람이 과연 삶에 대한 의지가 강하고 열정으로 가득 차 있을까? 십중팔구 그렇지 않을 것이다. 오히려 그들은 이틀 동안 한숨도 못 잔 사람처럼 보일 확률이 높다.

평이한 대답을 하는 사람에게 기대할 것은 아무것도 없다. 그들은 자세마저 평이하고 그 결과 역시 평이할 테니 말이다. 여러분은 분명 그런 결과를 원치는 않을 것이다.

긍정적인 대답

마지막으로 삶에 대한 열의가 가득한 사람은 긍정적인 대답을 한다.

"멋져요."
"환상적이에요."
"굉장해요."

"대단해요."

"끝내줘요."

"최고예요."

"이보다 더 좋을 수는 없을 거예요."

긍정적인 말을 하는 사람들은 발걸음에 활력이 넘치고 같이 있기만 해도 기분이 좋아진다. 그들이 활력과 행복한 기분을 전달해주기 때문이다. 솔직히 이런 긍정적인 대답을 보면 어떤 기분이 드는가? 여러분은 어떤지 잘 모르겠지만 나는 저절로 힘이 솟고 기분이 좋아진다. 나는 늘 이처럼 긍정적인 말을 하는 사람을 만나고 싶고 이들과 함께 사업을 하고 싶다.

> 미소보다 당신을 더 돋보이게 하는 것은 없다.
>
> – 작자 미상

이제 다시 앞으로 돌아가 부정적인 대답과 평이한 대답을 다시 한 번 읽어보라. 그것도 크게 소리 내어 읽어보라. 기분이 어떤가? 단언하건대 여러분은 힘이 쭉 빠질 것이다. 만일 내게 선택권이 주어진다면 나는 부정적이고 열정이 없는 사람보다 긍정적이고 삶에 대한 의욕이 넘치는 사람들과 함께할 것이다. 우리는 깊은 의미를 전해주는 옛 속담을 기억할 필요가 있다.

"어떤 사람은 그가 방에 들어올 때 방 안이 환해지고 또 어떤 사람은 그가 방을 나갈 때 방 안이 환해진다."

분명 여러분도 그가 방에 들어올 때 방 안이 환해지는 사람과 함께 있고 싶을 것이다. 나는 누군가가 요즘 어떻게 지내느냐고 물으면 "멋져요"라고 대답한다. 그러면 내가 긍정적인 사람이라는 것을 알릴 수 있고 그 말을 많이 할수록 나 자신도 기분이 좋아지기 때문이다.

긍정적인 사람들과 함께하라

부정적인 대답, 평이한 대답, 긍정적인 대답에 속하는 전형적인 말을 훑어보면서 무슨 생각을 했는가? 여러분은 어떤 말을 가장 자주 쓰는가? 여러분의 친구나 가족은 주로 어떤 말을 사용하는가?

만약 여러분이 부정적이거나 평이한 대답을 자주 한다면 당장 그 대답을 바꿔서 긍정적인 말을 사용하도록 하라. 그 이유는 간단하다. 누군가가 여러분에게 요즘 어떻게 지내느냐고 물었을 때 "끔찍해요", "그저 그래요"라고 대답할 경우 여러분의 몸까지 나쁜 영향을 받기 때문이다. 여러분은 분명 어깨는 축 처지고 고개를 숙인 채 의기소침한 자세를 보일 것이다.

그렇다면 기분은 어떨까? "끔찍해요"라는 말을 하고 나서 과연 기분이 더 좋아질 수 있을까? 좋아지기는커녕 아마 더욱더 처참한 기분이 들 것이다. 부정적인 생각과 부정적인 말은 부정적인 감정을 낳고 결국 부정적인 결과만 얻게 할 뿐이다.

이러한 상황을 바꾸는 것은 전적으로 여러분에게 달려 있다. 실제로 여러분이 처한 상황이 "끔찍해요"라는 말을 해도 모자랄 만큼 힘들어도 그처럼 우울한 자세를 취하는 것은 상황을 긍정적으로 바꾸는 데 전혀 도움이 되지 않는다. 가령 기대하던 거래가 무산되거나 아이의 학교 성적이 나쁠지라도 말이다. 설상가상으로 부정적이거나 평이한 대답은 다른 사람의 기분까지 가라앉게 만든다. 여러분과 함께 있다가 비관적인 말을 듣느라 공연히 기분을 잡치고 마는 것이다.

새로운 습관을 들여라

부정적인 말은 결국 부정적인 결과만 초래하는데 왜 굳이 그런 말을 쓰는가? 어쩌면 여러분 자신에게 선택권이 있다는 사실을 인식하지 못해서 그럴지도 모른다. 혹시 오래전에 굳어진 습관, 여러분에게 아무런 도움도 되지 않는 습관을 고집하고 있지 않은가? 여러분이 하는 말은 자기실현적 예언이나 마찬가지다.

만약 "모든 것이 다 끔찍해!"라고 말하면 여러분은 그 말이 사실이 되도록 하기 위해 끔찍한 사람이나 환경을 어러분 주위로 끌어 모을 것이다. 반대로 "인생은 정말 멋져!"라고 반복해서 말하면 마음이 여러분을 긍정적인 방향으로 움직이게 한다.

예를 들어 "훌륭해요" 혹은 "멋져요"라는 말을 했을 때 일어나는 일만 봐도 그것을 알 수 있다. 이처럼 긍정적인 말을 하다 보면 몸도 낙천적인 말에 부응해서 반응을 보인다. 그러면 여러분은 보다 곧은 자세로 행동하고 다른 사람들은 여러분의 에너지와 활력에 전염된다. 여러분의 주위가 긍정적 에너지로 가득할 경우 인간관계와 사업이 번창하는 것은 당연한 일이다.

> 당신이 잘 지내고 있고
> 모든 것이 잘된다고 말하라.
> 신이 그 말을 듣고 그것이
> 현실이 되게 해줄 것이다.
>
> – 엘라 휠러 윌콕스(Ella Wheeler Wilcox, 19세기 미국의 시인)

그렇다고 인생의 모든 문제가 마술처럼 순식간에 사라지는 것은 아니다. 그래도 여러분은 매우 중요한 규칙을 작동시킨 셈이다. 인생은 생각하는 대로 흘러가니 말이다. 내 경험을 걸고 단언하건대 아주 사소한 것이 인생을 크게 변화시키는 법이다.

약 15년 전, 누군가가 내게 요즘 어떻게 지내느냐고 물었을 때 나는 힘없이 "그럭저럭 괜찮아요"라고 대답했다. 그때 내가 무슨 짓을 한 것인지 아는가? 나는 사람들과 그럭저럭 괜찮은 관계를 맺도록 나 자신을 움직이고 있었던 것이다. 단지 그럭저럭 괜찮은 성공, 괜찮은 자세, 괜찮은 인생 속으로 나를 밀어 넣었다는 얘기다.

다행히 나는 괜찮은 인생에 안주하지 않아야 한다는 것을 배웠다! 나는 한 단계 더 높여 "아주 멋져요!"라고 대답하기 시작했다. 그것도 강한 힘을 실어서 거의 외치다시피 했다. 물론 처음에는 그런 말이 쉽게 나오지 않았다. 어떤 사람은 나를 처음 보기라도 하는 것처럼 어색해했다. 그런데 일주일이 지나자 서서히 효과가 나타나기 시작했다. 나 자신의 기분이 훨씬 더 좋아진 것은 물론이고 다른 사람들도 나와 대화하는 것을 전보다 더 좋아했다.

내 말을 믿어도 좋다. 이것은 로켓을 발사하는 것처럼 복잡하고 어려운 과학이 아니다. 위대한 자세를 습관화하는 데 재능이나 돈, 외모는 전혀 문제가 되지 않는다. 그저 힘차게 긍정적으로 대답하는 습관을 들이는 것이 전부다. 그런 습관이 들면 여러분도 나와 똑같이 멋진 결과를 얻을 것이다.

정말로 기분이 좋지 않을 때는 어떻게 해야 하나?

나는 강연을 할 때마다 청중에게 누군가가 요즘 어떻게 지내느냐고 물으면 경쾌하고 즐겁게 대답하라고 권한다. 그런데 그렇게 권유를 하면 청중 중 누군가가 나중에 나를 찾아와 묻는다,

"제가 정말로 기분이 좋지 않을 때는 어떻게 해야 하죠? 모든 일이 잘되고 있는 것도 아닌데 친구나 동료에게 거짓말을 하고 싶진 않거든요."

내 말을 오해하지 마시라. 나 역시 맑은 마음과 진실을 말하는 것에 높은 가치를 두는 사람이다. 그렇지만 이것은 진실을 말하는 것과는 조금 성격이 다르다. 이해를 돕기 위해 예를 들어 설명해보겠다.

가령 샐리라는 여성이 몸이 좀 불편하다고 가정해보자. 직장에서 누군가가 잘 지내느냐고 물었을 때 샐리가 솔직하게 대답하고 싶은 마음에 "조금 피곤해요"라고 대답한다면 어떨까? 바로 여기에 문제가 있다. 샐리는 자신이 피곤하다는 사실을 완전히 확신하고 더욱더 피곤함을 느낀다. 어깨를 축 늘어뜨리고 한숨을 내쉴 수도 있다. 그러다 보면 직장에서 형편없고 비능률적으로 시간을 보내고 만다.

> 구름이 낀 날씨와
> 화창한 성향은
> 전혀 어울리지 않는다.
>
> – 윌리엄 아서 워드
> (William Arthur Ward,
> 미국의 언론인이자 칼럼니스트)

이때 샐리에게 질문을 한 사람은 기분이 어떨까? 뒤돌아서서 괜히 물어봤다고 후회할 확률이 높다. 그 사람 역시 샐리의 부정적인 말에 전염돼 기분이 나빠졌을 테니 말이다.

누군가가 여러분에게 샐리가 매우 피곤해한다고 말하면 여러분은 기분이 좋겠는가? 좋기는커녕 '피곤'이라는 말을 듣는 순간부터 기분이 가라앉을 것이다. 결국 샐리는 자기 자신뿐 아니라 동료의 기분까지 망친 셈이다.

그럼 이야기를 더 전개해보자.

직장에서 끔찍한 하루를 보낸 샐리는 드디어 집으로 돌아온다. 그녀는 곧바로 소파에 몸을 던지고 신문을 펼쳐 복권 당첨 번호를 찾아본다. 지갑에서 복권을 꺼내는 순간 그녀는 탄성을 내지른다. 그녀가 천만 달러짜리 복권에 당첨되었기 때문이다.

이때 샐리가 어떻게 할 것 같은가? 그때까지 샐리가 몹시 피곤한 상태에 있었음을 기억하라. 아마 그녀는 소파에서 벌떡 일어나 마치 에어로빅 강사처럼 소리를 지르고 팔을 휘저으며 이리저리 뛰어다닐 것이다. 그렇지 않은가? 당연히 그녀는 전화기를 붙잡고 가족과 친구들에게 전화를 걸기 시작한다. 피곤함은 온데간데없이 사라지고 활력이 넘치는 그녀는 밤새도록 축하를 받으면서 그 돈으로 무엇을 할지 계획을 세울 확률이 높다.

여기서 잠깐, 소파에 주저앉을 때까지만 해도 그녀는 분명 녹초 상태였다. 그런데 그녀는 단 10초 만에 한 군단의 응원을 맡은 열다섯 살짜리 치어리더처럼 활력이 솟아났다. 어떻게 단 10초 만에 하루 종일 피곤에 찌들어 있던 사람이 그토록 활력이 넘칠 수 있단 말인가? 비타민 B_{12} 주사라도 맞은 것일까, 아니면 누가 그녀의 얼굴에 찬물을 끼얹은 것일까?

그녀가 그처럼 변한 원인은 전적으로 심리적인 것에 있다. 샐리가 피곤하다고 말한 것은 결코 거짓말이 아니다. 그녀는 정말로 피곤했지만 중요한 것은 몸보다 마음이 더 피곤했다는 사실이다. 그렇다면 피곤하다는 그녀의 말은 진실일까? 그것은 진실과는 좀 거리가 있다. 문제는 샐리가 어디에 중점을 두었느냐에 있다. 그녀는 피곤하다는 생각에 관심을 집중했을 가능성이 크고 그것은 하나의 선택에 불과하다. 반대로 그녀가 살아오면서 얼마나 많은 축복을 받았는지를 생각했다면 에너지가 넘쳤을지도 모른다.

우리의 기분은 상당히 주관적이다. 만약 자기 자신에게 피곤하다는 말을 하면 정말로 피곤하게 느껴지고, 기분이 좋다고 말하면 힘이 넘친다. 우리는 우리의 생각대로 변해가는 것이다.

열정적으로 대답하라

다음에 누군가가 "어떻게 지내세요?"라고 물어보면 상대가 직장 동료든 점원이든 상관없이 힘과 열정이 넘치는 목소리로 대답하라.

"아주 좋아요!"
"끝내줘요!"

입가에 하나 가득 미소를 머금고 눈을 빛내면서 말이다. 그 순간 여러분의 상황이 정말로 좋고 나쁘고는 전혀 문제될 것이 없다. 그저 '마치 그런 것처럼 행동하라'는 규칙을 적용하면 그만이다. 이것은 기뻐서 웃는 것이 아니라 웃으면 기뻐지는 원리와 같다. 만약 이보다 더 긍정적인 사람이 되고 싶다면 이미 긍정적인 사람인 것처럼 행동해야 한다. 그러면 자신이 훨씬 더 긍정적인 사람이 되어 있음을 발견할 것이다.

처음에 힘과 열정이 넘치는 목소리로 말하는 것이 조금 불편할지라도 이겨내야 한다. 계속 하다 보면 점점 그런 자세에 익숙해진다. 더불어 기분이 훨씬 더 좋아지고 다른 사람들이 여러분과 함께 있고 싶어 한다. 긍정적인 일의 선순환 사이클이 시작되는 것이다.

그나저나 지금 여러분의 기분은 어떠한가?

모두들 "끝·내·줘·요!"라고 외치는 소리가 들리는 듯하다.

Lesson 3 ————————————

그만 불평을 멈춰라!

걱정은 마치 아기처럼 보살필수록 더 커진다.

- 레이디 홀랜드(Lady Holland,《시드니 스미스 경 회고록
[Memoir of the Rev. Sydney Smith] 》중에서)

누군가가 자신의 고민을 죄다 털어놓으면서 불평을 늘어놓
을 때 여러분의 기분은 어떠한가? 아마 기분이 좋거나 즐겁
지는 않을 것이다. 세상에 불평불만을 늘어놓는 사람과 함
께 있고 싶어 하는 사람은 아무도 없다. 또 다른 불평가라면
모르겠지만 말이다.

　물론 아무런 불평불만 없이 살아가는 사람은 없다. 누구
나 한 번쯤 아니면 여러 번 불평을 털어놓을 때가 있다. 중
요한 것은 얼마나 자주 불평을 늘어놓는가 하는 점이다. 여
러분이 너무 자주 불평을 털어놓는 사람인지 아닌지 알고
싶다면 여러분의 친구나 동류들에게 묵어보라.

문제에 따른 해결책을 찾기 위해 누군가와 의논하는 것은 불평불만이라 할 수 없으므로 제외해야 한다. 이것은 지극히 건설적이고 바람직한 일이다. 또한 현재보다 더 나아지기 위해 여러분의 경험을 친구나 가족과 함께 나누는 것도 제외해야 한다. 설령 그것이 실망스럽거나 고통스런 경험이었을지라도 말이다. 삶에서 서로 경험을 나누고 지지해주는 것은 인지상정이다.

고통스런 경험담을
듣고 싶어 하는 사람은 아무도 없다

몇 가지 예를 들면 어떤 것이 역효과를 내는 불평인지 쉽게 이해할 수 있을 것이다.

가장 흔한 예는 자신의 질병에 관한 불평이다. 가령 "허리가 아파 죽겠어", "머리가 깨질 것 같아" 같은 말이 여기에 속한다. 더 큰 문제는 특정한 증상에 대해 이야기할 때 어떤 사람은 지나치게 자세히 설명한다는 데 있다. 만약 "내가 버스에서 내렸는데 속이 울렁거리고 막 토할 것 같아서~" 어쩌고저쩌고 하며 시시콜콜 늘어놓으면 듣는 사람이 어떻겠는가? 직장 동료가 속이 메스꺼워서 혼났다는 얘기를 하면 그 자리에서 그날 하루가 망가지는 듯한 느낌이 들지 않겠는가?

현실을 제대로 보고 행동하자. 여러분이 어디가 아프다며 구구절절 늘어놓는다고 해서 듣는 사람이 해줄 수 있는 게 뭐가 있겠는가? 그 사람은 의사가 아니다. 몸의 어딘가가 아프면 병원을 찾아가야지 왜 엉뚱한 사람을 붙잡고 시시콜콜 늘어놓는가. 물론 동정을 바라고 그러는 것일 수도 있지만 그렇게 하면 상대방의 기분만 가라앉고 여러분이 아프다는 사실을 더 깊이 확인할 뿐이다.

몸의 어딘가가 아프고 무언가가 불만스럽다는 얘기는 여러분 자신의 기분까지 가라앉게 만들고 주위 사람들이 비상구를 찾게 만들 뿐이다. 더구나 여러분이 어딘가가 아프다는 불평을 늘어놓을 경우 여기에 다음과 같이 상승의 법칙이 작용한다.

일단 여러분이 감기에 걸려 얼마나 아팠는지 친구에게 이야기한다고 해보자. 그러면 친구는 맞장구를 치며 말한다.

"그 정도는 약과야. 나는 감기에 걸려서 열이 40도까지 올라갔어. 구급차를 불러서 병원에 실려 갔다니까. 정말 죽을 뻔했어."

아니면 다른 누군가에게 허리나 발이 아프다는 얘기를 하고 상대방이 자신의 허리나 발에 대해 이야기하는 데 얼마나 시간이 걸리는지 한번 확인해보라. 불평가들은 항상

> 자기연민은 행복에
> 구멍을 내는 염산이다.
>
> - 얼 나이팅게일

자신이 여러분보다 훨씬 더 아팠고 고통스러웠다고 털어놓는 게임을 굉장히 좋아한다.

불평한다고 상황이 달라지는가

사람들이 흔히 하는 불평 중 하나가 날씨에 관한 것이다. 비가 오면 사람들은 "정말 재수 없는 날이군" 하면서 투덜거린다. 그저 하늘에서 물이 좀 떨어지는 것뿐인데 그걸 왜 재수 없는 날과 연관 짓는가? 사람들이 투덜거리면 나는 말한다.

"비가 오네요. 그래도 정말 좋은 날이에요!"

비가 오는 날은 재수 없는 날이라고 생각하면 여러분은 자신을 부정적인 쪽으로 움직이는 셈이다. 더구나 날씨가 마음에 들지 않는다며 불평을 늘어놓는다고 해서 상황이 변하는 것은 아니다. 자신이 통제할 수 없는 문제나 사는 데 그리 중요하지 않은 문제를 놓고 화를 내는 것은 무의미하다.

때론 아주 사소한 문제로 불평을 하는 사람들도 있다. 가령 5분이나 지났는데 종업원이 주문을 받지 않는다며 화를 내는 사람이 있다. 다른 사람의 사무실이 자기 사무실보다 더 넓다고 불평하는 경우도 있다.

살다 보면 생각지도 않던 큰 역경이 우리에게 밀려오기

도 하는데 그런 사사로운 일로 수렁에 빠질 시간이 어디 있는가. 별로 중요하지 않은 일에 불평을 늘어놓고 투정하면 자기 자신만 더 초라해질 뿐이다. 이런 사람들은 삶에서 정말로 걱정해야 할 일이 생겼을 때 어떤 반응을 보일까? 나는 이것이 몹시 궁금하다.

그에게는 불평할 이유가 충분히 있었다

얼마 전, 나는 일이 계획대로 풀리지 않아 사무실에 앉아 고민하고 있었다. 그것은 그냥 사업을 하다 보면 생기는 문제로 예상한 것보다 결과가 늦어져 나를 힘들게 했다. 솔직히 나는 중얼거리며 불평을 늘어놓고 있었다.

그때 페드로가 내 사무실로 들어왔다. 그는 20대 초반으로 온두라스에서 살다가 6년 전 미국으로 건너와 집과 사무실을 청소하는 일을 하고 있었다. 내가 보기에 '긍정적인 자세'란 바로 그를 두고 하는 말이었다.

그는 내가 만난 사람 중 가장 긍정적인 사람으로 늘 입가에 미소를 지었으며 활력이 넘쳐흘렀다. 태풍 '미치'가 그의 고향을 휩쓸었다는 것을 알고 있던 나는 그날 그에게 별일 없느냐고 물었다. 순간 그는 입가의 미소를 거두더니 태풍 때문에 엄청난 피해를 봤다고 말했다. 안타깝게도 수천 명이 사망하고 백만 명 이상이 집은 잃었다는 것이었다.

그의 아버지와 어머니, 형제들이 온두라스에서 살고 있는데 아직 그들의 생사를 알 길이 없다고 했다. 그 지역의 모든 전화가 불통이라 도저히 연락할 길이 없다며 그는 매일 가족을 생각한다고 말했다.

가족의 생사조차 알지 못하는 사람의 고통이 얼마나 클지 짐작이 가는가? 그래도 페드로는 자신이 온두라스에 있는 사람들을 돕기 위해 최선을 다하는 중이라고 했다. 그는 돈과 입을 옷, 그밖에 생필품들을 모으고 있었다. 자선단체들과 연계해 적극적으로 사람들을 도와줄 방법을 찾고 있었던 것이다. 그는 문제를 껴안고 불평만 하는 대신 그들의 고통을 덜어주기 위해 최선을 다하고 있었다.

페드로의 이야기를 듣고 난 후 나는 내 문제가 얼마나 사소한 것인지, 내가 얼마나 행운아인지 깨달았다. 아니, 불평을 멈추기로 했다는 편이 더 맞을 것이다.

그 대화 이후 나는 활력이 넘쳤고 훨씬 더 긍정적인 자세로 일을 처리했다.

몇 주 뒤, 나는 다시 페드로를 만났는데 그는 여전히 입가에 미소를 띠고 활기찬 자세로 일하고 있었다. 불행 중 다행으로 그의 가족은 모두 무사했지만 홍수 때문에 모든 것을 잃고 피난처에서 생활하는 중이라고 했다. 깨끗한 물이 너무 부족하

행복으로 가는 비밀은
남들이 불평할 때
축복만 생각하는 것이다.

– 윌리엄 펜(William Penn,
미국 식민지 건설자)

고 질병이 퍼지고 있어서 상당히 힘든 상황이라는 설명도 덧붙였다.

나는 소유하고 있던 모든 것을 잃고 바닥부터 다시 시작한다는 것이 얼마나 고통스러울지 상상이 가지 않는다. 더구나 그처럼 기본 생필품마저 없는 상황이라면 더욱더 그렇다. 여러분은 짐작이 가는가?

누가 봐도 페드로에게는 가족의 불행한 상황에 대해 불평을 늘어놓을 이유가 충분히 있었다. 하지만 그는 그렇게 하지 않았다. 주저앉아 불평만 늘어놓는 것이 얼마나 쓸모없는 시간 낭비이자 에너지 손실인지 알고 있었기 때문이다. 난관에 부딪혔을 때 불평을 늘어놓는 것은 결코 해결책이 아니다. 나는 이러한 사실을 상기하게 해준 페드로에게 고맙다는 말을 전하고 싶다.

시야를 넓혀라!

페드로는 내게 귀중한 교훈을 하나 더 가르쳐주었다. 그것은 시야를 넓히는 것이 얼마나 중요한가 하는 점이다. 수년간 많은 사람을 관찰한 결과, 나는 불평가들은 대개 시야가 좁다는 사실을 알게 되었다. 그들에게는 문제를 실제보다 더 부풀리는 경향이 있다.

낙천적인 사람, 자세가 훌륭한 사람은 삶에서 진정으로 중요한 것이 무엇인지 알고 있다. 사전에서 '균형적인 시각'을 찾아보면 '사물의 진정한 관계와 중요도를 판단해서 보는 능력'이라고 나와 있다. 여러분 주위에 있는 사람들을 한번 생각해보라. 그들 중에 타이어가 펑크 났다고 갑자기 태도가 달라지는 사람이 있는가? 결혼식장의 좌석 배치가 마음에 들지 않는다고 트집을 잡아 친한 친척과 연을 끊는 사람은 또 어떤가? 이들은 무엇이 중요한지 제대로 판단하지 못하는 것이다.

> 누구나 조금씩은 겪었고
> 과거에 당신도 겪은
> 불행이 아니라,
> 누구나 지금 받고 있고
> 당신도 받는 축복을 보라.
>
> – 찰스 디킨스(Charles Dickens,
> 영국의 소설가)

나는 21일 동안 뗏목에 몸을 의지한 채, 태평양을 표류한 에디 리켄배커(Eddie Rickenbacker)에게 우리가 배울 점이 많다고 생각한다. 극한의 상황을 딛고 살아남은 뒤 에디는 "마시고 싶을 때 마실 신선한 물이 있고, 먹고 싶을 때 먹을 음식이 있다면 절대 불평을 해서는 안 된다"라고 말했다.

나는 몇 가지 일을 매우 감사하게 생각하는데 그것을 여러분에게 말하고자 한다.

- 나는 건강하다.

- 돌로레스는 건강하다.

- 우리에게는 집이 있다.

- 우리에게는 많은 음식과 깨끗한 물이 있다.

- 우리는 미국에 살며 자유를 누린다.

- 나는 내 일을 사랑한다.

- 나는 여행을 하며 멋진 사람들을 만난다.

- 내게는 친한 친구가 많다.

- 나는 내 삶에 신이 함께한다는 것을 믿는다.

이것은 내가 받은 축복의 일부에 불과하다. 그런데 내가 지금까지 어떻게 했는지 아는가? 이토록 많은 축복을 받았으면서도 그것을 당연하게 여겼다. 다행히 나는 그 모든 축복을 다시 생각하게 되었고 그럼으로써 올바른 자세로 제 궤도에 오를 수 있었다.

최근에 무슨 일로 불평을 했는가? 그것은 진정 생사가 걸린 중대한 문제인가? 다음에 또 불평할 일이 생기면 볼펜과 종이를 꺼내놓고 여러분이 감사해야 할 것이 무엇인지 모두 적어보라. 그러면 분명 불평이 사라질 것이다.

긍정적인 소식을 전하는 사람이 돼라

그렇다고 뒷짐 지고 앉아 모든 문제를 그냥 제쳐놓으라는 말은 아니다. 단지 불평을 늘어놓기보다 문제를 해결할 방법이나 문제 자체에 관심과 에너지를 쏟는 편이 더 낫다는 얘기다.

예를 들어 요즘 일이 많아서 몸이 좀 피곤했다고 해보자. 이 경우 사람들에게 여러분의 기분이 얼마나 가라앉아 있는지 말하는 대신, 규칙적으로 운동을 하거나 평소보다 일찍 잠자리에 드는 것이 훨씬 더 낫다.

> 자신에게만 온 신경을 쓰는 것은 지나치게 몸치장을 하는 것이나 마찬가지다.
>
> – 케이트 핼버슨
> (Kate Halverson)

이쯤에서 지금까지 말한 내용을 되새겨보자.

불평은 여러분에게 세 가지 해를 끼친다. 첫째 여러분이 얼마나 아픈지, 어떤 문제를 겪고 있는지 그 부정적인 얘기를 듣고 싶어 하는 사람은 아무도 없다. 둘째, 불평은 고통과 불편함을 더해줄 뿐이다. 셋째, 불평 그 자체로는 아무것도 달라지는 것이 없으며 상황을 개선하기 위해 여러분이 할 수 있는 바람직한 행동마저 가로막는다.

실제로 90퍼센트에 해당하는 사람이 여러분의 문제에 관심이 없다. 나머지 10퍼센트는 오히려 여러분에게 문제가 발생한 것을 기뻐하는 사람들이다. 다시 한 번 진지하게 말하지만 여러분 자신과 타인에게 보다 더 애정을 갖고 대화를 긍정적인 방향으로 이끌어가자.

불평을 늘어놓지 않는 사람, 긍정적으로 말하는 사람과 함께하는 것은 즐거운 일이다. 그런 사람들과 함께 어울려라. 여러분 역시 긍정적인 말과 행동으로 여러분과 함께하는 모든 사람이 즐거운 시간을 보내도록 만들어라.

제3장 ————————

하늘은 스스로
노력하는 자를 돕는다

저절로 생기는 일은 아무것도 없다.
무엇이든 스스로 노력해서 자신에게
다가오게 해야 한다는 것을 깨달을 때
비로소 일이 생긴다.

- 벤 스타인(Ben Stein, 배우이자 저술가)

Lesson 1 —————————

긍정적인 사람들과 어울려라

거울은 얼굴을 비춰주지만
그 사람의 됨됨이는 친구를 보면 알 수 있다.

- 구약 성서, 잠언 27

고등학교 시절 마이크는 한 동네에 사는 친구들과 함께 많은 시간을 보냈다. 마이크의 말에 따르면 그들은 현관 앞에 앉아 그저 차들이 지나가는 것을 지켜보곤 했다. 그들에게는 아무런 꿈도, 목표도 없었고 늘 부정적이었다.

마이크가 무언가 새로운 것을 하자고 제안할 때마다 친구들은 시큰둥하거나 부정적인 반응을 보였다. 그들은 대개 "쓸데없는 짓이야"라거나 "그건 별 볼일 없는 일이야"라고 말했다. 마이크는 그들이 마음에 들지 않았지만 왕따가 되고 싶지 않아서 그냥 그들과 함께 어울렸다.

대학에 들어간 마이크는 여전히 부정적인 사람들을 만났다. 그와 함께 그는 긍정적이고 배우려는 열의가 강하며 무언가를 성취하고자 하는 사람들도 만났다. 그들에게서 새로운 무언가를 발견한 마이크는 앞으로 긍정적인 사람들과 어울리겠다고 결심했다. 얼마 지나지 않아 마이크의 표정은 한결 밝아졌고 자세도 새로워졌으며 목표를 세우기 시작했다.

다행히 그는 지금 날로 번창하는 비디오 프로덕션 사업을 하고 있으며 따뜻하고 멋진 가정도 꾸렸다. 그는 계속해서 자신이 세운 목표를 하나씩 성취해 나가고 있다. 언젠가 마이크에게 고등학교 시절에 어울렸던 친구들은 지금 무엇을 하느냐고 물었더니 이런 대답이 돌아왔다.

"아직도 그 동네에 살고 있어요. 여전히 부정적이고요. 노력을 하지 않는 것도 그때나 지금이나 똑같더군요."

마이크는 아쉬운 표정을 짓더니 이렇게 덧붙였다.

"그 친구들과 계속 어울렸다면 지금의 나는 없었을 겁니다. 어쩌면 동네 식당 한쪽 귀퉁이에서 핀볼이나 하고 있을지도 모르지요."

마이크의 사례는 주변 사람이 우리의 삶에 얼마나 큰 영향을 미치는가를 잘 보여준다. 그럼에도 불구하고 우리에게는 습관적으로 특정한 사람들하고만 어울리려는 기질이 있고 그 결과를 깊이 생각하지 않으려 한다.

혹시 "당신이 어떤 사람들과 어울려 다니는지 말해주면

당신이 어떤 사람인지 알려주겠다"는 말을 들어본 적이 있는가? 이 말에는 많은 뜻이 담겨 있다. 그 뜻이 여러분의 삶을 어떻게 만들어줄지 깊이 생각해보라.

여러분의 성장기에 부모님이 여러분과 어울리는 친구에게 지대한 관심을 보이던 일이 기억나는가? 부모님은 분명 여러분의 친구에 대해 자세히 알고 싶어 했을 것이다. 왜 그런 것일까? 부모님은 여러분이 친구에게 많은 영향을 받는다는 것을 알고 있었기 때문이다. 우리는 주위 사람들을 따라하려는 경향이 강하고 그들과 비슷한 부류임을 인정받아 그 무리에 계속 남아 있기를 바란다. 그러니 부모가 자녀의 친구 관계를 걱정하는 것은 당연한 일이다. 만약 여러분에게 자녀가 있다면 자녀의 친구들을 자세히 살펴보라. 그 어린 친구들이 여러분의 자녀에게 많은 영향을 미칠 테니 말이다.

독을 주는 사람 & 영양을 주는 사람

'독을 주는 사람'이나 '영양을 주는 사람'이라는 용어에 익숙하지 않을 수도 있지만 사람은 말과 행동으로 독을 주기도 하고 영양을 주기도 한다. 독을 주는 사람이란 늘 부정적인 자세로 '부정'을 전파하는 사람을 말한다.

사전을 찾아보면 톡식(toxic)은 '독성이 있는' 혹은 '유독

성의'란 뜻으로 정의한다. 독을 품은 사람들은 끊임없이 말로써 독을 뿜어낸다. 반면 영양을 주는(nourishing) 사람은 긍정적이고 남에게 도움을 준다. 그들은 함께 있으면 즐겁기 때문에 기분이 좋아진다.

독을 품고 있는 사람들은 항상 여러분을 그들의 수준으로 끌어내리려 한다. 다시 말해 그들은 계속 여러분이 할 수 없는 것, 불가능한 것만 얘기하면서 기분을 가라앉힌다. 예를 들면 힘든 경제적 상황, 살다 보면 으레 생기는 사소한 문제, 앞으로 닥칠 역경 그리고 미래에 대한 끔찍한 예견으로 여러분의 기분을 망쳐버린다. 만일 여러분에게 아무 문제가 없으면 자신의 고통이나 아픈 얘기를 꺼내 여러분까지 그 기분에 빠져들게 만든다.

> 우리는 우리가 속한 환경의 일부로 살아간다.
>
> – 작자 미상

이처럼 독을 품은 사람들의 얘기를 듣다 보면 여러분까지 머리가 아파오고 기분도 가라앉는다. 동기부여 연설가 레스 브라운(Les Brown)은 이런 사람들을 "꿈을 죽이는 사람들(Dream Killers)"이라고 부른다. 심리학자 잭 캔필드(Jack Canfield) 역시 이들을 "힘을 빨아먹는 흡혈귀(Energy Vampire)"라고 부르는데, 이는 그들이 여러분의 모든 에너지를 빨아들이기 때문이다.

부정적인 사람들과 함께 있다가 여러분이 그들에게 에

너지를 빼앗긴 듯한 느낌을 받은 적이 있는가? 누구에게나 그런 경험이 많을 것이다. 한 가지 분명한 사실은 여러분이 독을 품은 사람들과 함께 있으면 그들의 부정적인 메시지가 여러분을 지치게 만든다는 점이다.

반대로 긍정적이고 힘이 넘치며 도움을 주는 사람들과 함께 있을 때는 기분이 어떨까? 대개는 신선한 자극을 받아 몸에 에너지가 솟는 것을 느낀다. 긍정적인 사람에게는 밝고 좋은 에너지를 주위에 전파하는 놀라운 힘이 있다. 그들의 긍정적인 에너지는 주위를 밝혀주기 때문에 그들과 함께 있다 보면 그들의 적극적인 자세를 따르게 된다. 더불어 목표를 향해 나아갈 힘과 에너지를 얻는다.

나는 '긍정적인 사람' 하면 곧바로 내 친구 존 리시시치가 떠오른다. 존은 아마 내가 만난 사람들 가운데 가장 긍정적인 사람일 것이다. 나는 존과 얘기를 나눌 때마다 에너지가 솟구치면서 세상을 정복한 듯한 느낌에 빠져든다.

나는 내가 상당히 긍정적인 사람이라고 생각한다. 만약 1부터 10까지 점수를 매기되 10이 가장 긍정적인 것이라면 나는 나에게 9.5점을 줄 것이다. 내가 볼 때 존에게는 최소한 14점 정도는 주어야 한다! 다시 말해 그는 평가의 범위를 뛰어넘는 사람으로 늘 긍정적이고 언제나 열정으로 가득하다. 설령 우연히 만날지라도 그는 자신과 만나는 모든 사람의 기분을 좋게 만들어준다.

그의 이런 태도는 주위의 많은 사람에게 훌륭한 자세이

중요성을 깨닫게 한다. 만약 존 같은 친구가 주위에 있다면 여러분의 자세가 얼마나 긍정적으로 변할지 짐작이 가는가?

반복의 위력

어쩌면 여러분은 이런 경험을 많이 해봤을지도 모른다. 차를 타고 가면서 라디오에서 흘러나오는 노래를 듣다가 이렇게 혼잣말을 하는 것 말이다.

"이 노래 정말 웃기는군."

그런데 얼마 후에 또 똑같은 노래를 다시 듣는다면? 이어 그다음 날에도 똑같은 노래가 라디오에서 흘러나온다면? 그 노래의 차트 순위가 계속 오를수록 여러분은 어쩔 수 없이 그 노래를 여러 번 듣게 된다. 일주일 동안 하루에도 몇 번씩 같은 노래만 들을 수도 있다.

그러다가 갑자기 놀라운 일이 일어난다. 여러분이 무의식중에 그 노래를 흥얼거리는 것이다. 그때 여러분에게 그 노래를 어떻게 생각하느냐고 묻는다면 아마 여러분은 "끔찍하다"고 대답하리라. 그런데 왜 그 노래를 흥얼거리고 있는 것일까? 그 이유는 무엇이든 반복해서 듣다 보면 어느 순간 그것이 의식의 맨 앞자리를 차지하기 때문이다.

알고 있다시피 그 노래의 인기가 떨어지고 라디오에서

자주 흘러나오지 않으면 여러분도 그 노래를 별로 의식하지 않고 흥얼거리지도 않는다. 여기에 아주 중요한 가르침이 있다. 그것은 사람의 마음은 무엇이든 반복해서 생각하는 것을 따르는 경향이 있다는 점이다!

불행하게도 마음은 우리에게 유익한 것과 해가 되는 것을 구분하지 못한다. 그저 우리가 무언가를 반복해서 들으면 그것을 진실이라 믿고 그에 따라 행동할 뿐이다. 어떤 노래를 반복해서 듣다 보면 어느 순간 그 노래를 흥얼거리는 것처럼, 계속해서 성공만 생각하면 어느 순간 성공이 눈앞에 다가온다!

> 친구는
> 당신의 비전을 키워주거나
> 아니면 삼켜버릴 것이다.
>
> – 작자 미상

여러분의 마음을 긍정적인 메시지로 가득 채워라. 그러면 여러분은 보다 더 긍정적인 사람이 되어 목표 달성을 위해 과감하게 전진할 것이다. 그 메시지가 긍정적일수록 힘은 더욱더 커진다. 이러한 긍정적인 힘은 어디에서 얻을 수 있을까? 한 가지 방법은 동기부여에 관한 책을 읽는 것이다.

축하한다! 여러분은 지금 그렇게 하고 있지 않은가!

더불어 동기부여에 관한 테이프나 CD를 반복해서 듣고 긍정적인 사람들과 많은 시간을 함께 보내면 금상첨화다.

내 친구 스모키의 스펀지 이론

나는 내 친구 글렌 스모키 스토버를 통해 자세의 중요성과 내 주위를 긍정적인 사람들로 채우는 것이 얼마나 중요한가를 배웠다. 스모키의 직업은 장의사로 그는 무려 45년 동안 그 일을 해왔다. 어쩌면 그의 직업을 듣고 잔뜩 찌푸린 인상을 떠올리는 사람이 있을지도 모르지만 단언컨대 스모키는 굉장히 긍정적인 사람이다! 스모키와 통화를 끝낼 때마다 나는 정말로 날아갈 듯 기분이 좋아진다.

스모키는 인간을 스펀지에 비유했다. 이것은 우리가 주변 사람들이 말하는 것은 뭐든 빨아들인다는 의미다. 가령 부정적인 사람들과 함께 있다 보면 부정적인 사고를 빨아들이고, 그것은 우리의 자세에 커다란 영향을 미친다. 물론 그 반대의 경우도 마찬가지다. 긍정적인 사람들과 어울리다 보면 긍정적인 사고를 빨아들이는 것이다. 그래서 기분이 좋아지고 더욱더 좋은 행동을 하게 된다. 한번은 내가 스모키에게 물었다.

"만약 부정적인 사람들과 얘기를 하게 된다면 자네는 어떻게 하는가?"

"가능한 한 빨리 그 사람에게서 도망친다네. '오우, 찰리. 만나서 반갑네.' 이렇게 말하고는 서둘러 다른 사람에게 가는 거라네."

내가 다시 질문을 했다.

"혹시 부정적인 사람을 친구로 둔 적이 있나?"

그는 웃으며 대답했다.

"잠깐 그런 적이 있었지."

'잠깐'이라는 말에 내가 호탕하게 말했다.

"잘했네, 스모키!"

당신의 우정을 재평가하라

때로 여러분의 우정을 재평가하는 것은 매우 중요한 일이다. 설령 수년간 쌓아온 우정이라 할지라도 말이다. 나를 믿고 한번 해보라. 이것은 절대로 사소한 일이 아니다. 여러분과 함께 시간을 보내는 사람들은 여러분에게 가장 소중한 자산이자 여러분의 마음에 아주 중요한 영향을 미치는 존재이기 때문이다.

여러분은 부정적인 친구들에게 둘러싸여 있는가? 여가 시간에 그들과 함께 많은 시간을 보내는가? 만약 그렇다면 그들과 함께하는 시간을 줄이라고 권하고 싶다. 아니면 아예 시간을 함께 보내지 않는 것도 좋다.

내 말이 조금 잔인하게 들려도 할 수 없다. 여러분은 오래된 친구들과의 우정에 한계를 그어야 한다. 아니면 아예 관계를 끊어도 상관없다. 내가 강연을 하다가 이런 말을 하면 누군가가 손을 들고 나를 냉혈한이니, 이기적인 사람이니 하면서 비난한다. 다른 청중도 말한다.

"부정적인 친구들을 버리는 대신 돕는 것이 도리가 아닌가요?"

물론 여러분에게는 최선의 방법으로 보이는 것을 선택할 자유가 있다. 여러분이 어떤 방법을 선택하든 그 고유의 의도를 퇴색시키면 안 된다. 이 말을 반드시 기억해야 한다. 대부분의 경우 부정적인 사람들과 함께 시간을 보내는 것은 여러분 자신은 물론 그들에게도 별다른 도움이 되지 않는다. 이것은 내가 경험으로 터득한 사실이다.

주변 환경이
당신이 성공하도록 도와주는가,
아니면 당신을 퇴보시키는가?

– 윌리엄 클레멘트 스톤
(William Clement Stone,
미국 역사상 최고의 세일즈맨)

부정적인 사람들은 대개 변화를 원치 않으며 흔히 부정적인 시각을 퍼트려 모두를 추락하게 만든다. 이들은 그저 자신의 고통스러운 얘기를 들어줄 사람을 필요로 하는 것뿐이다.

만약 부정적인 친구들과 함께 시간을 보내고 싶다면 여러분 자신에게 물어보라.

"나는 왜 이들과 어울리는 것일까?"

의식적이든 무의식적이든 여러분은 아마 퇴보하는 쪽을 선택했을 것이다. 어쩌면 자신의 능력에 훨씬 미치지 못하는 사람이 되는 쪽을 선택했는지도 모른다.

부정적인 친구를 도와 긍정적인 방향으로 돌아서도록 해주는 것은 훌륭한 일이다. 그러나 수년 동안 충분히 노력했음에도 불구하고 아무런 성과가 없다면 그때는 떠나야한다! 변하지 않는 사람을 붙잡고 함께 수렁으로 들어갈 수는 없지 않은가.

여기서 분명히 해둬야 할 한 가지 중요한 사실이 있다. 그것은 부정적인 친구를 떠난다고 해서 그가 다른 사람보다 더 가치 없다고 판단하는 것은 아니라는 점이다. 그저 부정적인 사람들과 함께 어울리다 보면 부정적인 결과를 얻을 수밖에 없으므로 떠날 뿐이다. 여기서 말하는 '부정적인 결과'란 무엇을 의미하는 걸까? 바로 자신의 능력에 비해 덜 행복하고 덜 성공하는 것이다.

독을 퍼트리는 친인척

여러분 주변에 독을 퍼트리는 친인척이 있다면 어떻게 하겠는가? 이건 정말로 골치 아픈 문제다. 나는 가족에게서 등을 돌리지 말라고 권하고 싶다. 가족 간의 유대관계는 그 무엇과도 바꿀 수 없을 만큼 소중한 것이므로 나는 조화로운 가족관계를 위해 최선의 노력을 기울여야 한다고 생각한다.

하지만 나는 독을 퍼트리는 친인척이 여러분의 삶에 나쁜 영향을 미치지 않도록 어느 정도 선을 그어야 한다고 본다. 그들과의 관계를 끊거나 대화를 거부하라는 것이 아니라 어느 정도 제재를 가해 여러분에게 악영향이 미치지 않게 해야 한다는 말이다.

예를 들어 부정적인 친척이 여러분의 기분을 망쳐놓거나 여러분의 모든 행동을 비난하리라는 것을 알면서도 하루에 몇 번씩 전화를 걸어 대화할 필요는 없다. 그렇게 한다고 여러분에게 무슨 도움이 되겠는가?

우리는 이미 주위에서 부정적인 얘기를 충분히 듣거나 보고 있다. 인터넷, TV, 신문 등 온갖 매체들이 쏟아내는 부정적인 얘기만 해도 벅찰 지경이 아닌가. 그런 상황에서 친척에게 부정적인 소식을 더 들을 필요가 있을까? 절대 그렇지 않다!

여기 상대가 친구든 친인척이든 똑같은 효과를 내는 방법이 있다. 대화가 부정적인 주제로 흘러가면 왜 그렇게 부정적이냐며 상대를 비난하고 싶어도 꾹 참아야 한다. 여러분이 생각하는 그대로 다 얘기하면 사태를 더욱 악화시킬 뿐이다. 그 대신 대화가 자연스럽게 보다 더 긍정적인 방향으로 흘러가도록 유도하라.

다시 한 번 강조하건대 친인척과 관계를 끊거나 가족 모임에 참석하지 말라는 얘기가 아니다. 단, 그들의 성향에 영향을 받지 않도록 부정적인 친인척과 만나는 일에 제한을 두어야 한다.

긍정적인 직장 동료들

어떤 조직에든 부정적인 사람이 어느 정도 있게 마련이다. 우리는 가끔 이들과 협력해서 일을 처리해야 한다. 그렇지만 부정적인 성향이 강하고 우울, 그늘, 낙담 같은 단어를 떠올리게 하는 사람과 너무 많은 시간을 함께 보내지 않도록 하라.

만약 직장에서 부정적인 사람들과 점심식사를 자주 한다면 이제 그만두도록 하라. 그들은 여러분의 마음을 오로지 부정으로 가득 채우고 있을 뿐이다. 그들이 여러분의 마음에 부정적인 것을 던져 넣도록 내버려두는 한 여러분은 최선을 다할 수 없다. 그렇다고 일부러 그들을 불쾌하게 만들거나 신경을 건드릴 필요는 없다. 그저 그처럼 독을 퍼트리는 사람들과 떨어져 있을 만한 방법을 찾으면 그만이다.

여러분이 시간을 주도적으로 사용하는 것도 좋은 방법이다. 늘 어울리던 사람들이라는 이유로 애써 부정적인 사람과 함께 식사를 하지 말고 혼자 밥을 먹는 것은

> **좋은 친구는 건강에도 좋다.**
>
> – 아윈 사라손 박사
> (Dr. Irwin Sarason, 정신심리학자)

어떤가. 고객과 밖에서 점심식사 약속을 하거나 식당에서 다른 테이블에 앉는 것도 괜찮다. 어떤 방식이든 점심식사가 긍정적인 경험이 되도록 해야 한다

절대 부정적인 사람들과 어울리는 실수를 하지 마라. 긍정적인 사람은 어느 조직에서든 환영받지만 부정적인 사람은 그렇지 않다. 사실 부정적인 태도를 보이는 사람은 조직 내에 심각한 악영향을 미친다. 자세에 문제가 있는 직원을 합법적으로 해고하는 방법을 고민하는 관리자가 얼마나 많은지 아는가?

이제 직장 공동체에서도 직장 내 업무의 효율성을 좌우하는 것은 바로 '자세'라는 사실에 눈을 뜨고 있다.

긍정적인 사람과 인간관계를 맺어라

다시 한 번 말하지만 여러분이 어떤 사람들과 어울려 다니는지 말해주면 나는 여러분이 어떤 사람인지 알려주겠다. 만약 여러분이 급여 인상, 직장 내에서의 승진, 사업에서 성공하기, 인간적인 성숙을 심각하게 고려하고 있다면 여러분을 한 단계 더 높은 곳으로 올려줄 사람들과 어울려야 한다.

긍정적인 영향을 서로 주고받는 사람들과 함께하는 시간을 늘려 나가면 여러분 자신에 대한 셀프 이미지가 높아지고, 이는 목표를 성취하는 데 도움을 주는 새로운 에너지를 얻게 해준다. 한마디로 여러분은 보다 긍정적이고 활기가 넘치는 사람, 다른 사람들이 늘 함께하고 싶어 하는 사람이 된다.

나는 항상 긍정적인 사람들과 인간관계를 맺고 부정적인 사람들과는 어느 정도 선을 긋는 것의 중요성을 강조한다. 만약 여러분이 크게 성공하고 싶고 행복해지고 싶다면 이것을 필수적인 일로 여겨야 한다.

　여러분의 주변을 긍정적이고 영양가를 듬뿍 안겨주는 사람들로 가득 채워라. 그러면 그들은 여러분을 성공의 계단으로 올려줄 것이다.

Lesson 2 —————————————

성장하길 원한다면
두려움에 직접 맞서라

당신이 두려워하는 일을 하라.
그러면 그 두려움은 틀림없이 사라질 것이다.

- 랠프 월도 에머슨

청중석에 앉아 동기부여 연설가 길 이글스(Gil Eagles)의 연
설을 듣고 있을 때만 해도 나는 그가 한 말이 내 인생을 바
꿔놓으리라고는 꿈에도 생각지 못했다. 그날 길의 연설은
그야말로 환상적이었다. 그는 소중한 말을 많이 해주었는
데 그중에서도 이 한마디는 내 가슴에 깊이 남아 평생 잊지
못할 것 같다.

"성공하고 싶다면 기꺼이 불편해져야 한다(If you want to
be successful, you must be willing to be uncomfortable)."

조용히 되새김수록 길의 얘기가 지극히 옳다는 생각이

든다. 잠재력을 일깨워 목표를 달성하려면 우리는 기꺼이 불편해져야 한다. 다시 말해 우리가 두려워하는 일도 과감히 해내야 한다. 그것이 우리가 잠재력을 충분히 발휘하는 방법이다.

말은 간단하지만 새로운 역경에 부딪히거나 두려운 상황을 접하면 과감히 행동하는 것이 그리 쉽지 않다. 실제로 대부분의 사람들은 이런 경우에 아무런 행동도 하지 않는다. 그건 나도 잘 알고 있다. 왜냐하면 지난 30년 동안 나 역시 그렇게 해왔기 때문이다. 그래서 망설임 없이 단언하건대 그렇게 하면 분명 패배할 수밖에 없다.

만약 누군가가 성공한 사람을 보여 달라고 한다면 나는 두려움에 맞서 직접 행동한 사람을 추천하겠다.

두려움에는 어떤 것이 있는가

새롭고 도전적인 어떤 행동을 하기 전에 겁에 질리거나 의심했던 적이 있는가? 그 두려움이 행동하는 데 걸림돌로 작용한 적이 있는가? 지금까지 살아오면서 여러분은 한 번이나 그 이상 두려움으로 인해 몸이 굳어졌던 경험을 틀림없이 해봤을 것이다. 나도 그런 적이 있기 때문에 그 두려움이 어떤 느낌인지 잘 알고 있다. 어쩌면 그것은 인간이기에 누구나 겪게 마련인 자연스러운 감정인지도 모른다.

또한 누구에게나 남보다 특별히 더 두려워하는 일이 있다. 가령 어떤 사람에게는 번지점프가 무서워서 죽을 것 같은 두려움을 주지만 또 어떤 사람에게는 희열감을 안겨준다. 어떤 사람은 청중 앞에서 연설하거나 새로 사업을 시작하는 것을 몹시 두려워한다. 또 어떤 사람은 낯선 이에게 길을 물어보는 것이나 데이트 신청을 두려워한다.

여러분이 두려워하는 것이 사소한 것이든 어리석은 것이든 상관없이 이 규칙은 여러분에게도 적용된다. 여기서 내가 말하는 두려움은 멕시코의 게레로 주에 있는 아카풀코(Acapuico)의 절벽에서 뛰어내리거나 번지점프처럼 신체적으로 위험한 일 혹은 건강을 해칠 수 있는 상황에 놓였을 때의 두려움이 아니다. 이처럼 위험한 일은 나 역시 두려워한다. 사실 그런 것은 하고 싶은 마음도 없다.

> 우리가 이해하기만 한다면 인생에 두려워할 것은 아무것도 없다.
>
> – 마리 퀴리(Marie Curie, 폴란드 태생의 프랑스 여류 물리화학자)

내가 말하고자 하는 것은 여러분이 개인적, 직업적으로 성장하는 데 걸림돌이 되는 도전이다. 다시 말해 그것은 두렵기는 하지만 인생에서 원하는 것을 얻기 위해서는 반드시 해야 하는 일이다.

편안하고 익숙한 안전지대

사람들은 보통 자신에게 익숙한 안전지대(comfort zone)에서 벗어날 경우 두려움이나 불안감에 사로잡힌다. 그러면 이 중요한 개념을 잠시 살펴보고 이것이 여러분의 잠재력을 계발해 목표를 달성하는 것과 어떤 관련이 있는지 함께 알아보자.

우리 모두에게는 각자 안전지대가 있는데 그것은 우리에게 익숙하고 편안하고 안전하게 느껴지는 일정한 범위를 말한다.

〈그림〉에서 원 안이 바로 안전지대다.

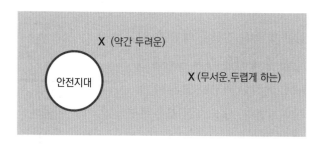

원 안에서 일어나는 일이나 그곳에서 이뤄지는 행동은 모두 친숙하고 위협적이지 않다. 다시 말해 그것은 일상적이고 우리 삶의 일부이기 때문에 전혀 힘들이지 않고도 할 수 있는 일이다. 우리가 친구 혹은 직장 동료와 대화하는 것이나 직장에서 일상적인 업무를 처리하는 것은 이 범주 안에 포함된다.

그런데 우리는 가끔 이러한 안전지대를 벗어나야 할 상황에 놓이거나 새로운 도전을 받는다. 그림에서 X로 표시한 부분이 여기에 해당한다. 이 표시가 원에서 멀어지면 멀어질수록 그 일을 하는 것이 더욱 두렵게 느껴진다.

갑자기 안전지대를 벗어나야 하는 상황에 놓이면 여러분은 긴장하고 불안해한다. 손바닥이 땀으로 축축해지고 심장이 두근거리기도 한다. 그리고 마음속에서 이런저런 시끄러운 소리가 들려온다.

'내가 과연 이 일을 할 수 있을까?'
'남들이 나를 비웃지 않을까?'
'친구들이나 가족이 뭐라고 할까?'

두려움과 불안감에 사로잡혀 자기 앞에 놓인 상황을 걱정하는 것이다.

앞의 그림에서 여러분에게 X에 해당하는 일에는 어떤 것이 있는가? 다시 말해 한 단계 더 높은 성공을 이루기 위한 도전 앞에서 여러분을 망설이게 만드는 두려움에는 어떤 것이 있는가?

잠재고객에게 다가가는 것이 두려운가?
직업을 바꾸는 것이 두려운가?
새로운 기술을 배우는 것이 두려운가?

다시 학교로 돌아가는 것이 두려운가?

속마음을 다른 사람에게 털어놓는 것이 두려운가?

대중 앞에서 연설하는 것이 두려운가?

그 X가 무슨 일이든 그것을 솔직히 인정하라. 수만 명 아니 수백만 명이 여러분과 똑같은 일을 두려워한다. 그러면 여기서 수많은 사람이 두려워하는 일에는 어떤 것이 있는지 구체적으로 살펴보자.

일반적인 두려움의 유형

강연을 할 때 나는 종종 사람들에게 카드를 나눠주고 직업적, 개인적인 성장을 가로막는 두려움에는 어떤 것이 있는지 적어달라고 부탁한다. 그런 다음 그 카드를 모아 큰 소리로 읽어준다.

과연 사람들은 그 카드에 어떤 내용을 썼을까?

흥미롭게도 직업이나 사는 지역에 상관없이 사람들의 대답은 거의 비슷하다. 여기 그중에서 가장 흔하게 나오는 대답을 몇 가지 알려주겠다.

1. 대중 앞에서 연설하거나 프레젠테이션을 하는 것.

모든 청중을 통틀어 가장 많이 나오는 대답이 이것이다.

수많은 사람이 청중 앞에서 이야기하는 것을 두려워한다.

2. '아니오'라는 대답을 듣거나 제안을 거절당하는 것.

이것은 판매직에 종사하는 사람들에게서 가장 많이 나오는 대답이다. 특히 통신판매를 하는 사람들이 이런 대답을 많이 한다.

3. 직업을 바꾸거나 새로 사업을 시작하는 것.

나는 해가 갈수록 이 대답을 적는 사람이 늘어나고 있음을 발견했다. 현재 전 세계적으로 실업률이 상당히 높으며 이미 취업한 근로자 중에도 근무 환경이 나아지기를 바라는 사람이 아주 많다. 하지만 단지 바뀌기만 바랄 뿐 무언가 적극적으로 행동하기를 두려워하는 사람이 더 많다.

4. 관리자나 이사에게 부정적인 소식(특히 관리자나 이사가 듣기 싫어하는 소식)을 전하는 것.

이 대답에는 더 이상 설명이 필요 없을 것이다.

5. 고위 간부와 대화하는 것.

수많은 평직원, 심지어 관리자들조차 회사의 임원진과 대화하는 것을 몹시 두려워한다. 그뿐 아니라 사장이나 회사의 경영진과 개인적인 대화를 하는 것도 망설인다. 괜히 얘기를 꺼냈다가 자신을 어리석은 사람이나 바보로 여기지는 않을까 두려워하기 때문이다.

6. 실수와 실패

이것은 실수나 실패가 두려운 나머지 새로운 것을 시도하지 않으려는 사람들이 느끼는 두려움이다('3. 밖으로 나가 실패도 맛보아라'에서 좀 더 구체적으로 살펴본다).

앞에 열거한 일반적인 두려움의 유형을 보고 조금 놀랐는가? 이 중에서 여러분이 지금 느끼거나 과거에 느껴본 두려움이 있는가? 사실 대다수의 사람들이 삶에서 이런 경험을 어느 정도 해본다.

앞에 열거한 두려움의 유형 외에 여러분이 따로 두려워하는 것이 있더라도 걱정할 필요가 없다. 그것이 어떤 두려움이든 여러분은 그보다 훨씬 더 강하므로 반드시 극복할 수 있을 것이다.

두려움을 회피할 때 얻는 것

어떤 문제에 부딪혀 두려움을 느낄 때 사람들은 대개 그 불안감과 공포를 회피하기 위해 애를 쓴다. 나도 과거에 그랬었다. 그렇게 두려운 일을 피하면 그것을 할 때 발생할 수 있는 두려움과 불안감은 확실히 줄어든다.

예를 들어 회사에서 누군가가 여러분에게 프레젠테이션을 해달라고 부탁했는데 거절했다면 어떨까? 당연히 프레젠테이션을 걱정하느라 잠을 설치고 또 프레젠테이션을 하는 동안 경험할 긴장과 불안에서 벗어날 수 있다.

그러나 회피해서 얻는 것은 이게 전부다. 일시적으로 불안과 두려움에서 벗어나는 것 말이다. 나는 이것을 깨닫고 난 뒤 회피할 이유가 없다는 생각을 했다.

여러분도 한번 생각해보라. 두려움을 회피해서 얻을 수 있는 게 이것 외에 또 무엇이 있는가? 내가 수천 명에게 똑같은 질문을 해봤지만 그 외에 다른 이득을 찾아낸 사람은 아무도 없었다. 당연하지 않은가!

그렇다면 당신이 치러야 할 대가는?

이제 여러분이 성장을 위해 반드시 필요한 두려움을 회피했을 때 치러야 하는 대가에는 어떤 것이 있는지 진지하게 생각해보자. 대개는 다음과 같은 것이다.

- 자존심이 한층 꺾인다.
- 자기 자신이 무능력하게 느껴지고 실망스럽다.
- 자신의 성공을 스스로 방해한 셈이다.
- 삶이 따분하고 지루해진다.

두려움과 불안감을 잠깐 회피하는 데 이 정도 대가를 치러야 한다면 과연 그럴 만한 가치가 있을까? 내가 보기엔 지나친 대가다. 그럼에도 불구하고 많은 사람이 잠깐 불편한 것을 피하고 다른 사람들에게 놀림을 당하지는 않을까 두려워서 기꺼이 이런 대가를 치르려고 한다.

여러분, 그건 정신 나간 짓이다!

회피하고 도망치는 것은 문제를 해결하는 최상의 방법이 아니다. 두려움에 기꺼이 맞서려는 의지가 없는 한 여러분은 결코 크게 성공하거나 자신의 능력을 최대한 발휘할 수 없을 것이다.

고등학교 시절의 전략

고등학생 시절, 나는 굉장히 수줍음이 많았고 셀프 이미지가 아주 낮았다. 그렇지만 누군가에게 데이트를 신청해서 거절을 당한 적은 한 번도 없었다. 만약 여러분이 내 얼굴을 본다면 그렇게 못생긴 것은 아니지만 그렇다고 톰 크루즈처럼 잘생긴 것도 아닌데 어찌된 일인가 싶을지도 모른다.

방법은 간단하다. 절대로 데이트 신청을 하지 않으면 거절당할 일이 없다. 즉, 누군가가 내게 거절할 기회를 주지 않으면 된다. 하지만 그런 식으로 대응해서 내가 무얼 얻었는지 아는가? 나는 나 자신이 끔찍하게 싫었다. 내가 스스로 나를 무기력하게 만들고 있음을 알았기 때문이다.

여러분이 상상하는 대로 나는 무기력했고 어떠한 모임에도 나가지 않았다. 내 스스로 성공을 가로막고 있었던 것이다.

두려움에 맞서지 않고 회피한 나는 친구들이 데이트를 하는 동안 홀로 남아 있어야 했다. 그때 기분이 어땠을 것 같은가? 여러분의 예상대로 아주 형편없었다.

여러분이 의아해할 것 같아 하는 말이지만 사실 나는 데이트라는 것을 몇 번 해봤다. 그러나 그것은 다른 사람들이 애써 주선해준 것이었다. 나는 남이 내게 'No'라고 말하는 것을 듣고 싶지 않았다. 그런데 아이러니하게도 나는 나 자신에게 'No'라고 말하고 있었던 셈이다.

어떻게 해서든 두려움을 회피하려 한 내 전략이 내게 얼마나 큰 악영향을 끼쳤을지 짐작이 가는가? 만약 내가 고등학생 때 누군가에게 데이트를 신청했다면 그중 몇몇은 분명 'No'라고 말했을 것이다. 그렇지만 이 사실을 아는가? 그런다고 내가 죽지는 않는다는 것을 말이다. 어쩌면 다른 사람, 또 다른 사람에게 데이트를 신청해서 결국 한 번쯤은 'Yes'를 들었을지도 모른다.

> 부를 잃은 사람은
> 많은 걸 잃은 것이다.
> 친구를 잃은 사람은
> 더 많은 걸 잃은 것이다.
> 용기를 잃은 사람은
> 모든 걸 잃은 것이다.
>
> – 미구엘 드 세르반테스
> (Miguel de Cervantes,
> 《돈키호테》의 저자)

나는 대학에 들어가고 나서야 서서히 거절의 두려움에 맞서기 위한 걸음마를 떼기 시작했다. 다행히 하면 할수록 점점 자신감이 붙었고 로스쿨에 들어간 뒤에는 운 좋게도 돌로레스를 만났다. 그리고 이제 그녀와 나는 결혼한 지 무려 30년이나 되었다!

새로운 인생

나라고 해서 무언가 특별한 것은 아니다. 나는 여러분과 조금도 다를 바 없는 평범한 사람일 뿐이다. 여러분이 느끼는 두려움을 나 역시 느낀다.

지난 30년의 내 인생을 돌아보면 먼저 변호사로서 어느 정도 성공한 내가 보인다. 그러나 그 이면에는 수줍음 많고 불안정하며 두려워하고 자기중심적인 나도 보인다. 내가 과연 동기부여 연설가가 될 만한 사람으로 보이는가?

다행히 내가 내 인생을 바꾸고 수백 배 업그레이드할 수 있었던 이유는 두려움 앞에 섰을 때 행동하는 법을 배운 덕분이다. 실망감과 좌절감에 빠져 몇 년을 허우적거린 나는 두려움을 회피하는 것은 내게 아무런 도움이 되지 않으며, 앞으로도 그럴 거라는 사실을 깨달았다.

그 전에 내가 긍정적인 자세를 갖추지 못했다면 영원히 두려움에 맞서지 못했을 것이다. '할 수 있다'는 자세는 내가 필요한 행동을 할 때 엄청난 추진력을 달아주었다. 무언가를 할 수 있다고 믿는 순간 비록 두렵기는 하지만 앞으로 나아갈 용기를 얻을 수 있다.

나는 훌륭한 자세로 무장한 뒤 조금 두렵기는 했어도 내 인생에 적극 뛰어들어 잠재력을 계발하겠다고 결심했다. 그렇게 결심하자마자 의욕이 생기면서 자신감도 늘어났다. 나는 내 인생의 주도권을 쥐었고 그로부터 내 앞에 모든 가능성이 열렸다.

두려움에 기꺼이 맞서고 긍정적인 자세로 살아가려 할 때 여러분이 받게 될 엄청난 보상이 이제 보이는가?

상황을 다른 시각으로 바라보라

만약 내가 여러분에게 아무런 두려움이나 불안감 없이 불편한 상황에 맞서는 방법을 알려준다면, 아마 여러분은 뛸 듯이 기뻐할 것이다. 그렇지 않은가? 안됐지만 그런 마술 같은 해결책은 없다. 나는 마술사처럼 요술 봉을 휘저어서 여러분이 느끼는 두려움을 단숨에 없애줄 수 없다.

그러면 좀 두렵기는 해도 성공이나 성장하기 위해 반드시 필요한 일을 해낼 용기를 얻으려면 어떻게 해야 할까?

다음에 그처럼 두려운 상황에 직면한다면 나는 그 상황을 조금 다른 시각에서 바라보라고 권하고 싶다. 사람들은 보통 이렇게 생각한다.

'나는 잘할 수 없을 거야.'
'남들이 나를 비웃거나 조롱할 거야.'
'그 사람이 나를 거부할 거야.'

왜 그 일을 '얼마나 잘해낼 수 있을까' 하는 생각에만 매달리는가? 잘해낼 걱정만 하면 결국에는 그냥 포기하는 게 낫다는 결론을 내리고 만다. 만약 여러분이 긍정적인 자세를 지니고 앞으로 일어날 일에 대비했다면 결과를 지나치게 걱정하지 마라.

여러분이 단계를 밟아 차근차근 두려운 일을 진행하고 있다면 그 순간에는 여러분이 승자라고 생각하라. 분명 여러분이 승자다. 결과에 상관없이 그 일에 참여해서 추진하는 것만으로도 여러분은 충분히 승자다.

두려워도 계속 전진하라

예를 들어 여러분이 청중 앞에서 얘기하는 것을 두려워한다고 해보자. 만약 여러분이 비록 두렵긴 하지만 그 일을 해낸다면, 다시 말해 일어나서 청중에게 이야기를 한다면 그 순간 여러분은 승자가 된다.

설령 무릎이 후들거리고 목소리가 떨릴지라도 이런 것은 전혀 문제될 것이 없다. 여러분은 도전 앞에서 두려웠지만 어쨌든 부딪혔다. 그러니 당연히 축하를 받아야 한다. 일단 두려움을 딛고 도전한 다음에는 자기 자신을 더 높이 평가하게 되고 하늘을 날아갈 듯이 기분이 좋아진다.

처음부터 세계 최고의 연설가처럼 환호를 받지는 못할 것이다. 그게 무슨 대수인가? 현실을 바로 보라. 어느 누구도 처음부터 뛰어난 연설가가 될 수는 없다. 첫 번째 게임을 치렀다고 세계 최고의 테니스 선수가 될 수 있는가? 물에 들어가자마자 세계 최고의 수영선수가 될 수 있는가? 어떤 기술이든 그것을 연마하려면 시간이 필요한 법이다.

그러고 보니 내가 처음으로 동기부여에 관한 연설을 할 때가 기억난다. 그때는 1988년이었고 내 연설은 '뛰어남'과는 좀 거리가 있었다. 당시 나는 부동산 판매업자들을 상대로 한 연설에서 그저 생각나는 대로 얘기했을 뿐이다. 솔직히 고백하건대 나는 두려움에 어쩔 줄 몰라 했고 노트에서 눈을 떼지 못했다. 다행히 준비를 열심히 한 덕분에 청중은 따뜻한 호응을 보내주었다. 그러나 내가 나를 훌륭한 연설자로 생각하기까지는 정말로 긴 시간이 필요했다.

두 번째 연설에서는 상황이 조금 더 좋아졌다. 내 기억에 다섯 번 정도 연설을 하고 난 뒤부터 노트에 점점 덜 의존했던 것 같다. 이후로는 청중과의 호흡도 잘 맞았다. 그로부터 20년이 지난 지금 나는 매년 전국을 돌며 수천 명 앞에서 연설을 하는 직업 연설가가 되었다. 하지만 이 모든 것이 1988년 두려움을 가득 안고 굉장히 서툴게 입을 뗀 한 남자로부터 시작되었음을 기억하기 바란다.

그녀는 끝까지 꿈을 포기하지 않았다

그럼 안전지대를 깨고 나온다는 것이 어떤 의미인지 잘 알고 있는 한 여성의 얘기를 살펴보자. 그녀의 이름은 도티 버먼으로 그녀는 32년 동안 뉴욕에서 고등학교 영어 교사로 재직했다. 사실 그녀는 열 살 때부터 쇼 비즈니스에 진출하고 싶어 했지만 그 일을 자신의 직업으로 진지하게 생각해본 적은 없었다. 그러다가 교사라는 안정된 직업이 주는 수입과 혜택을 선택했다.

아이들을 가르치는 동안 그녀는 틈틈이 노래를 작곡해 공연을 시작했다. 비록 취미생활로 시작한 것이지만 그 일은 그녀의 꿈에 불을 지피는 역할을 했고 마침내 1980년대 말 도티는 결단을 내렸다. 교사직을 그만두고 공연가라는 새로운 직업을 선택하겠다는 결심을 한 것이다. 1988년 여름, 그녀는 사직서를 제출했다.

그런데 갑자기 새로운 일을 하려니까 엄청난 공포감이 그녀를 짓눌렀다. 고민을 거듭하던 그녀는 전혀 모르는 분야에 뛰어드는 것이 너무도 두려워서 사직서를 철회하고 다시 아이들을 가르치는 일로 돌아갔다.

그러나 그녀의 내면에서는 여전히 꿈이 꿈틀대고 있었고 시시때때로 살아나 그녀의 마음을 재촉했다. 결국 6개월 뒤인 1989년 1월, 그녀는 두려움에 맞서기로 결심하고 다시 사직서를 제출했다. 50대의 나이에 새로운 일에 도전장을 내민 것이다.

> 두려움이라는 구속에서 탈출하는 유일한 방법은 행동하는 것이다.
>
> – 조 타이(Joe Tye,
> 《두려워 말라, 중단하지 말라
> [Never Fear, Never Quit]》의 저자)

1992년 도티는 여성 1인 뮤지컬을 만들어 무대에 올리기 시작했다. 공연 내용은 교사라는 안정된 직장을 떠나 쇼 비즈니스에 진출할 때 자신이 느꼈던 두려움에 관한 것이었다.

그리고 1998년 봄, 이제 60대에 접어든 도티는 '나는 컴퓨터와 사랑에 빠졌어요'라는 제목으로 기지가 넘치고 사람의 마음을 들썩이게 하는 노래가 담긴 CD를 발매했다. 그와 더불어 뉴욕의 카바레에서 공연하는 풍자극에서 그 노래들을 불렀다. 그녀는 계속해서 극장과 카바레를 돌며 자신이 부른 노래와 이야기로 구성한 프로그램을 공연했고, 전국의 여러 단체에서도 무대에 올랐다.

여기서는 지극히 간단하게 소개했지만 사실 도티는 직업을 바꾸기 위해 엄청난 도전과 걸림돌을 극복해야 했다. 그래도 그만한 가치가 있다고 생각하지 않는가? 도티는 이렇게 말한다.

"평생 지금처럼 행복했던 적은 없었어요."

두려움에 맞서서 우리가 꿈을 추구하도록 모범적인 선례를 남긴 도티에게 감사의 박수를 보낸다.

이것저것 재지 말고 그냥 하라

미국의 사상가이자 시인인 랠프 월도 에머슨은 그의 말대로 따르기만 한다면 우리의 삶을 크게 변화시킬 만한 충고를 했다.

"당신이 두려워하는 일을 하라. 그러면 그 두려움은 틀림없이 사라질 것이다."

나는 이 충고가 진정 맞는 말이라고 생각하지만 어떤 사람은 지나치게 두려움에 사로잡혀 쉽게 행동으로 옮기지 못한다. 앞에서 두려움이 여러분을 지배하도록 내버려둘 때 여러분이 치러야 하는 대가가 얼마나 큰지를 다룬 내용을 반드시 기억하라.

두려움을 회피하는 것은 결국 패배할 수밖에 없는 전략이다. 그것은 여러분에게 좌절감과 불행 그리고 실망만 안겨줄 뿐이다. 그것은 내가 직접 경험한 것이기에 누구보다 자신 있게 말할 수 있다.

> 두려움을 회피하면
> 결국 패배할 수밖에 없다.
>
> – 제프 켈러

조금 두려워도 괜찮다. 그건 잘못된 것이 아니라 그냥 자연스러운 일이다. 크게 성공한 사람에게도 두려움은 있는 법이다. 차이가 있다면 성공한 사람은 설령 두려워도 행동으로 옮겨 앞으로 나아간다는 사실이다. 물론 그렇게 하는 것이 항상 쉬운 것만은 아니다. 하지만 두려움에 맞서는 순간 여러분은 자기 자신에 대해 더 큰 자신감을 느낀다.

지난 20년 동안 나는 미국 전역을 비롯해 전 세계를 돌며 수천 명에게 연설을 했다. 그러는 내내 나는 두려움에 맞서서 행동한 뒤 후회하는 사람을 한 명도 만나본 적이 없다. 결단코 단 한 명도 없었다! 반면 두려움을 회피하느라 자신의 꿈마저 잃어버린 뒤에 후회하는 사람은 수없이 많이 만났다.

내 친구 버크 헤지스(Burke Hedges)가 종종 얘기하듯 후회가 꿈을 대신하게 내버려두면 안 된다. 꿈을 향해 기지개를 켜고 전진할 준비를 하라. 두려움에 기꺼이 맞서서 안전지대를 확대해야 한다.

용기라는 근육도 다른 근육과 마찬가지로 자꾸 사용함으로써 키울 수 있다. 계속해서 움직여라. 자꾸만 안전지대에서 벗어나는 행동을 하다 보면 무슨 일이 벌어지는지 아는가? 그것이 안전지대의 일부분으로 자리 잡는다.

여러분이 망설이지 않고 안전지대를 확대해 나가면 여러분은 또 다른 보상을 받는다. 즉, 어느 한 분야에서 두려움에 맞서 행동하다 보면 다른 분야에 대해서도 자신감이 생긴다. 내 경험으로 보건대 이것은 분명한 사실이다. 가령 연설가로 살아가는 것에 점점 익숙해질수록 보다 나은 세일즈맨, 보다 나은 사업가, 보다 나은 청중이 될 수 있다. 이러한 예는 수없이 많이 존재한다.

하고 싶은 일이 있으면 어떤 일이든 마음껏 시도해보라. 이때 여러분의 잠재력을 최대한 발휘하려면 기꺼이 불편함을 감수해야 한다. 고난과 도전에 몸을 던지기를 꺼려하는 사람에게 인생은 아무런 보상도 해주지 않는다.

승리할 수 있는 자리에 여러분 자신을 세워라. 이것은 두렵긴 하지만 그럼에도 불구하고 행동하는 것을 의미한다. 삶에서 이는 매우 중요한 자세다.

두려움을 회피하지 말고 직접 맞서라. 그것이 곧 여러분의 잠재력을 계발하고 인생의 즐거움을 주도하며 여러분이 누리고자 하는 가치 있는 삶을 살아가는 길이다.

여러분이 그렇게 하겠다는 결단을 하면 절대 후회하지 않을 것이다.

Lesson 3 ————————————————

밖으로 나가
실패도 맛보아라

실패야말로 보다 현명하게
다시 시작할 유일한 기회다.

- 헨리 포드

그녀는 26년 동안 매달 신용카드 대금을 갚느라 고생했다.
그녀는 스물다섯 번이나 직장을 따라 이사했다.
그녀는 열여덟 번이나 해고를 당했다.
그녀는 연봉 2만 2,000달러를 벌기 위해 26년 동안이나 일
했다. 그녀는 종종 정부의 무료식권으로 끼니를 때우고 차
에서 잤다.

어쩌면 여러분은 이 책은 분명 성공에 관한 것인데 왜

이토록 실패를 많이 한 여성의 얘기를 꺼내는 걸까 하면서 의아해할지도 모른다. 그 이유가 궁금한가? 가슴 아프도록 실패를 경험한 얘기의 주인공은 바로 유명한 TV 토크쇼 진행자 샐리 제시 라파엘(Sally Jessy Raphael)이다. 그 모든 걸림돌에도 불구하고 그녀는 방송국에서 일하겠다는 어린 시절의 꿈을 포기하지 않았다.

그녀는 성공할 때까지 실패하고, 실패하고 또 실패했지만 계속해서 도전했다. 결국 샐리 제시 라파엘은 수백만 달러를 벌었고 장기간 대성공을 거둔 프로그램을 이끄는 방송인이 되었다. 이것은 그녀가 수년에 걸친 실패에도 불구하고 꿈을 포기하지 않고 훌륭한 자세를 유지한 덕분이다.

우리의 어린 시절

샐리 제시 라파엘이 26년이라는 긴 실패의 세월을 극복하고 계속해서 전진했다는 얘기를 듣고 어떤 생각을 했는가? 여러분의 어린 시절을 돌아보면 여러분도 거듭되는 실패에 굴하지 않은 사람이었다는 사실을 깨달을 것이다.

처음으로 자전거를 배우던 때를 기억하는가? 균형을 잡고 자전거를 타기까지 시간이 좀 걸리지 않았는가? 아마 처음에는 수없이 실패하고 몸에 상처를 입으면서도 계속해서 자전거를 타기 위해 노력했으리라. 그 영광의 상처 앞에서 우린 이미 그 시절에 실패에 관해 중요한 교훈을 배웠다. 기억하는가?

여러분이 연습하는 동안 부모님이나 형제가 계속 소리를 지르면서 용기도 주고 균형을 잃을 때마다 붙잡아주었을 것이다. 조금은 두렵기도 했지만 굉장히 신이 나지 않았는가! 분명 성공의 순간, 혼자서 자유자재로 자전거를 타는 순간을 조바심 내며 고대했으리라. 그렇게 우리는 매일 연습한 끝에 결국 자전거를 탈 수 있게 되었다. 그렇지 않은가?

혼자서 자전거를 탈 만큼 익숙해질 때까지 무엇이 여러분에게 힘이 되어주었을까? 그건 바로 끈기와 반복이다. 그때 여러분이 얼마나 오래 걸리는가에 신경 썼을까? 그렇지 않다. 여러분은 틀림없이 자전거를 자유자재로 탈 수 있을 때까지 연습하려 했을 것이다!

자전거를 타고 싶다는 열망이 굉장히 강했고 목표를 성취하는 순간을 손꼽아 기다렸다는 것도 여러분에게 큰 도움을 주었다. 또한 주위의 긍정적인 격려가 미친 영향도 절대 과소평가해서는 안 된다. 여러분은 늘 여러분 편에 서서 지지해주고 성공하도록 지원한 부모님이나 형제가 있다는 것을 알고 있었다.

자전거를 배우던 여섯 살짜리 꼬마 시절의 여러분은 낙천적이고 활기가 넘치며 도전하기를 열망했다. 어서 빨리 배우고 싶은 마음에 아침이 빨리 오기를 기다리지 않았는가. 당시 여러분은 여러분이 그 일을 해내리라는 것을 알고 있었다. 하지만 안타깝게도 그런 시간은 그리 오래가지 않았다.

어제와 오늘

이제 대다수 어른이 새로운 무언가를 배울 때 어떤 태도로 임하는지 생각해보자. 그들이 과연 낙천적이고 활기가 넘치며 도전하기를 열망할까? 우리는 모두 그 답이 '아니오'라는 것을 잘 알고 있다.

예를 들어 성인으로 구성된 어느 팀에 새로운 소프트웨어 프로그램을 배우거나 아니면 부서를 옮기라는 지시를 했다고 해보자. 이때 어떤 반응이 가장 많을까? 분명 다음과 같은 반응이 주류를 이룰 것이다.

- 상황을 회피하려 한다.
- 불평을 한다.
- 그렇게 할 수 없는 핑계를 댄다.
- 자신의 능력을 의심한다.
- 대책 없이 두려워한다.

낙천적이고 활기가 넘치며 도전적이던 여섯 살짜리 꼬마에게 대체 무슨 일이 생긴 것일까? 어쩌다가 그 꼬마가 무언가 새로운 걸 배우는 것에 불평하고 투덜대는 사람으로 변해버린 것일까?

성인이 된 지금 우리는 다른 사람을 너무 의식하고 있고 그들이 우리를 비웃거나 비난하지 않을까 하는 생각에 종종 주저한다.

분명 여섯 살 때는 새로운 기술을 배우려면 설령 넘어지더라도 계속해서 자전거에 올라타야 한다는 것을 알고 있었다. 배우면서 넘어지고 상처를 입는 것은 결코 나쁜 일도, 남을 의식해야 하는 일도 아니었다. 그런데 우리는 점점 나이가 들면서 넘어지는 것을 '목표를 성취하는 데 꼭 필요한 부분'이라기보다 나쁜 것이라는 생각을 하기 시작했다.

물론 무언가 새로운 것을 시작하는 것은 불편하고 심지어 두려운 일일 수 있다. 그렇지만 목표에서 눈을 뗀 채 남들이 여러분을 어떻게 생각할까에 초점을 맞추는 것은 바보 같은 짓이다. 아니, 여러분 자신의 인생에 대한 예의가 아니다. 새로운 기술을 개발하거나 의미 있는 어떤 목표에 도달하려면 무슨 일이 있어도, 부정적인 반응이 있어도 참아야 한다. 심지어 종종 고개를 숙여야 할지라도 그 일에 전념해야 한다.

> 성공은 열정이 식지 않은 상태로 실패에서 실패로 옮겨가는 것이다.
>
> – 윈스턴 처칠

성공한 사람들은 성공하려면 실패도 해야 한다는 사실을 알고 있다. 실패를 즐기는 것까지는 어렵더라도 그것이 승리로 가는 길에 꼭 필요한 부분이라는 것은 인정해야 한다. 어떤 기술이든 그것에 능숙해지는 데는 시간과 노력, 훈련이 필요한 법이다. 그리고 어떠한 역경에 부딪히더라도 그것을 기꺼이 참아내겠다는 의지도 필요하다.

실패 덕분에 수백만 달러를 벌다

예를 들어 프로야구 선수들을 생각해보자. 요즘은 타율이 3할대만 되어도 최고 선수로 대접받으며 연간 수백만 달러를 받는다. 다시 말해 그들 역시 실패율이 70퍼센트에 이른다! 그뿐 아니라 그런 선수들조차 삼진을 당할 때는 팬들에게 비난을 받는다.

이왕 야구 얘기가 나왔으니 하는 말인데 1988년 세인트루이스 카디널스(St. Louis Cardinals) 팀의 마크 맥과이어(Mark McGwire)가 그의 70번째 홈런을 쳤을 때 우리는 얼마나 통쾌해했는가? 알고 있다시피 그는 정말 대단한 선수다. 그런데 맥과이어가 1988년 155번이나 삼진을 당했다는 사실을 알고 있는가? 선수로 뛰는 동안 맥과이어는 무려 457개의 홈런을 쳤지만 1,259번이나 삼진을 당했다. 홈런의 세 배가 넘는 숫자만큼 삼진을 당한 것이다!

전 시대를 통틀어 가장 훌륭한 농구선수를 한 명 꼽으라고 하면 누가 떠오르는가? 아마 대부분의 사람들이 마이클 조던(Michael Jordan)을 떠올리리라. 나 역시 그가 가장 먼저 생각난다.

그럼 그에 대한 통계를 하나만 살펴보자. 마이클 조던이 선수로 뛰던 시절 그의 슛 성공률은 50퍼센트였다. 다시 말해 그가 던진 슛의 50퍼센트는 실패였다.

이 규칙은 스포츠에만 적용되는 것이 아니다. 연예계 스타나 방송인들도 실패에 일가견이 있는 사람들이다. 수많은 배우가 이름을 날리고 안정적인 위치에 오를 때까지 수백 번의 거절을 당하며 10년이나 15년을 투자한다. 심지어 어느 정도 성공을 거둔 후에도 더러는 흥행의 참패를 경험한다.

> 인간이 저지르는 가장 큰 실수는 실수할까 봐 두려워하는 것이다.
>
> – 앨버트 허버드(Elbert Hubbard, 미국의 작가)

대학졸업식 날 밤, 제리 사인펠드(Jerry Seinfeld, 90년대 미국의 인기 코미디언)는 그의 첫 번째 코미디 공연에 나섰다. 장소는 뉴욕의 어느 코미디 클럽이었는데 그는 그날 쓰라린 실패를 맛보았다. 그날 밤의 상황을 자세히 얘기해달라는 요청에 그는 이렇게 대답했다.

"아주 끔찍했죠. 기분이 몹시 착잡했어요."

그렇지만 그는 멈추지 않았고 밤마다 꾸준히 공연을 했다. 무려 5년 동안 그는 굉장히 힘든 시간을 보냈다. 그러다가 1981년 그는 자니 카슨(Jonny Carson)과 함께 〈투나잇 쇼 (Tonight Show)〉에 출연해달라는 요청을 받았고 그날 엄청

난 성공을 거두었다. 알고 있다시피 그는 그날 이후 성공가
도를 달렸다.

앞서 예를 든 사람들은 모두 성공하려면 엄청난 인내가
필요하다는 사실을 깨달았다. 여러분 역시 꾸준히 노력하
고 자신의 능력을 갈고닦으며 적응해 나가면 언젠가는 성
공할 수 있다. 그저 타석에 충분히 서고 오디션을 충분히 받
고 잠재고객을 충분히 만나기만 하면 된다.

많은 실패에도 굴하지 않다

그러면 사람을 격려하고 의욕을 북돋워주는 얘기로 가득
한 글을 쓴 두 남자 이야기를 살펴보자. 처음에 그들은 출
판업자와 계약을 맺는 데 3개월 정도면 충분할 거라고 생
각했다.

그들이 첫 번째로 만난 출판업자는 'No'라고 했다.

두 번째 출판업자도 'No'라고 했다.

세 번째 출판업자 역시 'No'라고 했다.

그리고 서른 번째 출판업자도 'No'라고 대답했다.

3개월이 아니라 3년이 넘는 동안 서른세 번이나 거절을 당
한 이들이 어떻게 했을 것 같은가? 그들은 자신들의 글을
또 다른 출판업자에게 보여주었다.

서른네 번째 출판업자는 'Yes'라고 말했다.

서른세 번의 실패를 겪은 후 만난 그 첫 번째 'Yes'가 바로 잭 캔필드(Jack Canfield)와 마크 빅터 한센(Mark Victor Hansen)의 초베스트셀러《영혼을 위한 닭고기 수프(Chicken Soup For The Soul)》를 만들어낸 것이다. 여러분이 지난 15년 동안 서점에 가본 적이 있다면 틀림없이 이 책을 한 번쯤 보았을 것이다. 어쩌면 '닭고기 수프(Chicken Soup)' 시리즈를 한 권 정도는 읽어보았을지도 모른다.

《영혼을 위한 닭고기 수프》시리즈는 무려 3천만 부 이상 팔려 나갔다! 이것은 모두 잭 캔필드와 마크 빅터 한센이 거듭되는 실패에도 굴하지 않은 덕분이다. 그들은 단단히 결심하고 성공할 때까지 밀고 나갔다.

서른세 번이나 실패하는 동안 잭과 마크를 지지해준 힘이 무엇인지 아는가? 만약 두 남자가 부정적인 자세를 지니고 있었다면 첫 번째나 두 번째로 거절을 당했을 때 일찌감치 포기해 황금 같은 기회를 놓쳤을지도 모른다. 다행히 그들은 실패, 실패, 또 실패가 거듭되는 상황에서도 긍정적이고 낙관적인 자세로 일관했다.

이들의 긍정적인 자세에는 과연 얼마만큼의 가치가 있는 것일까? 지금까지 이들에게는 천만 달러 정도의 가치가 있었고 그것은 지금도 계속 올라가고 있는 중이다.

결과만 있을 뿐 실패는 존재하지 않는다

미국의 성공적인 방송 진행자 러시 림바우(Rush Limbaugh)도 긴 실패의 세월을 참고 견뎌야 했던 인물 중 하나다. 림바우는 수년 동안 매우 적은 임금을 받으면서 일했고 일생일대의 성공을 거두기 전까지 수많은 조롱을 받았다.

12년 동안 이 라디오, 저 라디오를 떠돌면서 안정적인 자리를 찾지 못한 그는 결국 그 업계에서 쫓겨나고 말았다. 그렇게 1979년 라디오를 떠난 뒤 그는 5년간 적성에도 맞지 않는 세일즈맨 생활을 하면서 비참한 세월을 보냈다.

1983년 그는 다시 방송인으로 돌아왔고 우리가 알다시피 이후 전설적인 인물이 되었다.

이 모든 것을 살펴볼 때 세상에 실패는 존재하지 않으며 단지 결과만 있을 뿐이다. 그중 어떤 것이 다른 것보다 좀 더 성공적일 수도 있지만 말이다. 실패는 이제 여러분이 마지막에 접어들었으며 성공할 수 없음을 의미하는 것이 결코 아니다.

> 성공은 남들이 다 떠난 후에도 계속 매달리는 것에 좌우된다.
>
> – 윌리엄 패더(William Feather, 미국의 작가)

성공이 불가능한 때는 오로지 도중에 그만둘 때뿐이다. 중단은 곧 마지막을 뜻한다. 무언가에 전념하고 그것을 열심히 시도하다 보면 실패는 어느새 성공으로 변한다.

절대 포기하지 마라

1990년대 초, 미드웨스턴사(Midwestern Company)의 경영주가 우리 사무실에 직접 전화를 걸어 내 연설 스케줄과 우리 회사의 제품 및 출판물에 대해 문의를 했다. 그와 전화로 이야기를 나눈 나는 즉시 정보를 보내주었다. 그다음에 다시 통화할 때 그는 아직 고려하는 중이며 결정을 내리지 못했다고 말했다.

처음에는 매주 통화를 했지만 아무런 성과가 없었다. 이후에는 한 달에 한 번씩 통화를 했고 여전히 별다른 성과가 없었다. 우리는 몇 년 동안 그 신사에게 꾸준히 전화를 걸었다. 더불어 매 분기마다 회보와 전단지를 보냈지만 우리는 거듭해서 실패를 맛보았다.

그러다가 1998년 봄 그 회사의 대리인이 우리에게 전화를 걸었고, 나는 그 회사의 한 세일즈 미팅에 동기부여 프로그램을 제공하기로 했다. 나중에 나는 경영주를 직접 만났는데 그 자리에서 그가 말했다.

"당신의 끈기에 깊은 인상을 받았소. 당신의 사무실에 있는 사람이 끊임없이 전화를 걸었지요. 그는 절대 포기하지 않더군요."

우리는 비록 수년간 실패의 세월을 견뎌야 했지만 그만큼의 성과를 얻었기에 결과적으로 그 시간은 충분히 가치가 있었다.

핵심적인 질문

만약 여러분이 기대하는 결과를 얻지 못하고 있거나 연거푸 실패하고 있다면 여러분 자신에게 다음의 질문을 해보라.

1. 내 시간표가 비현실적인가?

어쩌면 여러분은 지금 필요한 단계를 뛰어넘어 당장 엄청난 성공을 거두고 싶어 할지도 모른다. 안됐지만 성공은 한 번에 한 단계씩 올라갈 때라야 비로소 얻을 수 있다. 그리고 다음 단계에 오르는 데 어느 정도의 시간이 걸릴지는 알 수 없다.

성공을 기대한다면 끈기와 인내심을 발휘해야 한다. 더불어 자신을 다른 사람과 비교하고 싶은 유혹도 이겨내야 한다. 여러분이 남보다 앞서갈 수도 있고 더 뒤처질 수도 있다. 어떤 상황이든 계속 훌륭한 자세를 유지하면서 행동을 취하고 적응해 나가라. 그러면 여러분에게 원하는 결과가 다가올 것이다.

2. 내가 정말로 전념하고 있는가?

여러분은 목표를 달성하기 위해 열정에 불타고 있는가? 만약 그렇다면 필요한 일은 무엇이든 하겠다는 의지를 다지고 목표를 달성하기 전까지는 절대 포기하지 않겠다고 결심해야 한다. 물론 지금 하는 일이 정말로 좋아하는 것이라면 그 일에 전념하는 것이 훨씬 더 쉬울 것이다. 여러분의 열정을 다하라. 목표를 향해 계속 전진하고 도중에 그만두 겠다는 생각은 절대 하지 마라.

3. 내 주위에 의욕을 꺾는 요소가 너무 많은가?

성공적인 결과를 얻지 못하면 누구나 실망스러운 법이다. 그렇기 때문에 주변을 나를 지지해주고 내 성공을 믿어주 는 사람들로 둘러쌀 필요가 있다. 너무 비판적이거나 자기 인생을 위해 아무런 노력도 기울이지 않는 부정적인 사람 들과 어울리다 보면 여러분의 에너지와 열정마저 빼앗기고 만다. 그러므로 여러분을 격려해주고 여러분이 성공을 향 해 나아가도록 지지해주는 사람과 관계를 맺어야 한다.

4. 성공할 준비가 되어 있는가?

어떤 경우에든 성공을 하려면 준비 과정이 필요하다. 여러 분은 지금 목표를 성취하는 데 필요한 것을 배우기 위한 과 정을 밟고 있는가?

그 과정은 독서, 테이프 & CD 듣기, 강연 듣기 그리고 자기 분야 에서 크게 성공한 사람들과 서로 협조관계 맺기를 의미한다. 또한 여러분과 함께할 멘토를 찾는 것 이 될 수도 있다. 성공을 거둔 사

> 성공 공식을 알고 싶은가?
> 아주 간단하다.
> 실패율을 두 배로 올리면 된다.
>
> - 토머스 J. 왓슨(Thomas J. Watson, IBM의 창립자)

람들은 항상 자신의 기술을 연마하는 데 많은 시간을 투자한다. 사람들이 기대한 만큼 성공하지 못하는 이유는 성공하는 데 필요한 적응 과정을 거치지 않고 똑같은 일만 반복하기 때문이다. 그러므로 배울 준비를 하라. 그 분야에 대해 아직 통달하지 못했음을 인정하고 계속 전진하게 해줄 근원을 찾아라.

5. 기꺼이 실패할 용의가 있는가?

성공으로 가는 길에 실패는 반드시 필요한 것이라는 사실을 인정하라. 여러분은 분명 성공하기 이전에 패배를 맛볼 것이다. 가장 귀중한 교훈은 실패에서 나온다는 사실을 우리는 이미 알고 있다. 실패는 성공에 반드시 필요하다. 그러므로 실패에 정면으로 부딪히고 그것이 성공으로 가는 과정의 한 부분임을 이해하고 받아들여야 한다. 그래야 실패가 여러분에게 그다지 큰 영향을 끼치지 못한다. 여러분이 실패를 두려워하지 않는다면 여러분은 성공을 위한 올바른 길에 들어선 셈이다. 목표를 달성하는 과정에서 실패는 피할 수 없고 동시에 그것은 꼭 필요한 부분이라는 사실을 받아들여라.

패배를 통해 배우면 결국 승리한다

실패는 성공을 위해 반드시 거쳐야 할 적응 단계를 알려주는 배움의 과정이다. 그러므로 절대 실패를 회피하려 하지 마라. 그것은 여러분이 아무런 위험도 감수하지 않겠다는 뜻이며 이 경우 여러분이 이룰 수 있는 것은 아무것도 없다. 우리는 오페라 가수 베버리 실스(Bevery Sills)의 말을 되새겨볼 필요가 있다.

"실패하면 실망스러울 수 있다. 그렇지만 계속해서 노력하지 않으면 그 실패는 곧 당신의 운명이 될 것이다."

여러분이 가진 것을 모두 팔 수는 없으며 모든 투자에서 수익을 올릴 수도 없다. 크게 성공을 거둔 사람들에게조차 인생은 승리와 실패의 연속이다. 인생의 승자들은 걷기 전에는 기어야 하고 달리기 전에는 걸어야 한다는 사실을 알고 있다.

우리가 새로운 목표를 세울 때마다 새로운 실패가 따르게 마련이다. 실패를 일시적인 걸림돌로 여기고 그것을 극복하기 위해 도전할 것인지, 아니면 영원히 뛰어넘을 수 없는 걸림돌로 단정할 것인지는 전적으로 여러분에게 달려 있다.

패배를 통해 배우겠다는 자세로 여러분이 바라는 결과를 얻는 데 초점을 맞추면 여러분은 결국 실패를 승리로 이끌 것이다.

Lesson 4 _____

네트워크 구축이
승리를 안겨준다

남들이 원하는 것을 얻도록 열심히 도와줄 때
당신이 바라는 모든 것을 얻을 수 있다.

- 지그 지글러

1990년 가을 나는 내 사업에 영원히 놀라운 연쇄반응을 일
으킨 주인공, 프리랜서 카피라이터 스튜어트 카멘을 만났
다. 지금부터 내게 커다란 영향을 미친 그와의 만남으로 무
슨 일이 일어났는지 들려주고자 한다.

1992년, 스튜어트 카멘은 회보〈생각하라 그리고 부자
가 되어라(Think & Grow Rich)〉에 글을 기고하고 있었다. 그
회보는 스튜어트의 제안으로 나와 관련된 기사를 1면에 실
었고 그때 내가 변호사에서 동기부여 연설가로 변신한 과
정을 자세히 소개했다. 그의 디볼이 그 회보를 출긴하는 회

사와 '애티튜드 이즈 에브리싱(Attitude is Everything)' 상품의 판매 계약을 맺었다. 그 덕분에 놀랍게도 수천 가지의 아이템이 팔려 나갔다.

그뿐 아니라 〈생각하라 그리고 부자가 되어라〉에서 내 기사의 일부를 출판하면서 나는 독자들에게 수많은 전화를 받았고, 몇 개의 연설 계약을 맺기도 했다.

> 만일 당신이 긍정적이고 열정적이면 사람들은 당신과 함께 있고 싶어 할 것이다.
>
> – 제프 켈러

특히 나는 독자 중 한 명이던 짐 도너번(Jim Donovan)에게 편지를 받았는데 당시 뉴욕에 살고 있던 그와 나는 좋은 친구가 되었다.

당시 짐은 자기계발에 관한 책을 두 권이나 집필하는 중이었다. 그것은 바로 《더 나은 삶을 위한 핸드북(Handbook To a Happier Life)》과 《인생은 리허설이 아니라 실전이다(This is Your Life not a Dress Rehearsal)》이다.

이 모든 일은 내가 스튜어트 카멘이 속한 네트워크 안으로 들어가는 것에서 비롯되었다. 이후 내 네트워크는 〈생각하라 그리고 부자가 되어라〉 네트워크, 짐 도너번 네트워크로 확장되었다. 네트워크를 구축하는 것은 그야말로 놀라운 힘을 발휘한다!

기회만 주어진다면 훗날이 아니라 지금 더 빨리 성공하고 싶지 않은가? 그 팁을 알려주겠다. 여러분의 노력을 배가하고 그에 따른 결과를 얻는 데 들어가는 속도까지 배가하는 방법은 바로 네트워크를 구축하는 일이다. 이때 인간관계를 보다 단단하게 구축할수록 성공 기회는 더욱 늘어난다.

네트워크로 얻는 혜택

성공은 분명 여러분 자신에게서 비롯되지만 사람들과 관계를 맺고 협력하면 한 단계 더 높은 성공을 거둘 수 있다. 쉽게 말해 여러분 혼자의 힘만으로는 커다란 성공을 거두기가 어렵다. 네트워크를 구축하는 것이 중요한 이유가 여기에 있다. 나는 네트워킹을 서로 간의 이익을 위해 사람들과 발전적인 관계를 맺는 일이라고 정의한다.

네트워크를 구축하면 비즈니스적인 면에서 다음과 같은 혜택을 얻는다.

- 새로운 고객과 사업 파트너를 만난다.
- 고용 기회를 확대한다.
- 중요한 자리에 적합한 사람을 찾을 수 있다.
- 귀중한 정보와 자료를 얻는다.
- 문제를 해결하는 데 도움을 받는다

네트워크를 구축하면 개인적인 면에서 다음과 같은 혜택을 얻는다.

- 새로운 만남을 통해 사회적인 관계를 넓힌다.
- 다양한 종교, 문화, 철학적인 배경이 있는 사람들과 사귈 수 있다.
- 귀중한 정보와 자료를 제공받는다.
- 영적 성장을 이룬다.

이제 네트워크를 구축하면 우리가 어떤 도움을 받는지 알게 되었을 것이다. 이제 보다 효율적인 네트워크를 구축하기 위해서는 우리가 어떻게 해야 하는지 알아보자. 나는 네트워크를 구축하면서 굉장히 생산적인 열여섯 가지의 스킬을 발견했는데 여기에 그것을 소개하고자 한다. 그 스킬은 보다 간단히 네 가지로 분류해서 설명할 수 있다. 그것은 자세와 행동, 소개와 추천, 서로 간의 의사소통 그리고 후속 지원으로 이 네 가지 역시 서로 연관되어 있다.

자세와 행동

1. 성공자의 자세를 습득한다

네트워크 구축에서도 모든 것은 자세에 달려 있다! 여러분이 긍정적이고 열정적이면 사람들은 누구나 여러분과 함께하고 싶어 한다. 더불어 그들은 여러분을 돕고 싶어 한다. 반면 여러분이 우울해하고 부정적이면 사람들은 여러분을 피하는 것은 물론, 그들의 친구와 동료를 소개해주려 하지 않는다.

2. 그룹 및 단체 활동에 적극 참여한다

효과적인 네트워크와 인간관계를 구축하려면 명단을 작성하고 자신의 책임을 다하며 모임에 열심히 참여하는 것 이상의 노력이 필요하다. 즉, 자신의 시간을 쪼개 그룹에 기여하고자 열심히 노력하고 있음을 보여주어야 한다.

이를 위해 여러분은 어떤 일을 할 수 있을까? 가령 초보자들을 위해 소속한 협회의 임원으로 활동하거나 사무원이 될 수 있으며 그밖에 다른 지원을 할 수도 있다. 여러분이 소매를 걷어붙이고 열심히 일하면 그 모습을 보면서 다른 회원들이 여러분을 존경할 것이다. 나아가 여러분이 사람을 대하는 기술이나 여러분의 성격, 가치관 그리고 자세를 모범으로 삼는다.

이쯤에서 다시 스튜어트 카멘의 이야기로 돌아가 보자.

그는 광고대리인들과 사귀고 싶어서 1994년 롱아일랜드 광고 클럽에 가입했다. 그는 가입하자마자 그룹 미팅에 적극 참여했고 다양한 프로젝트에 지원자가 있는지 물어볼 때마다 손을 들었다. 그야말로 적극적으로 클럽 활동에 몰두한 것이다. 그렇게 6개월이 흐르자 어느 날 어떤 사람이 그에게 다가와 물었다.

"당신이 좋은 사람이라고 들었소. 일도 열심히 하고 늘 활력이 넘친다고 하더군요. 우리 위원회의 위원이 되지 않겠소?"

당연히 스튜어트는 흔쾌히 승낙했고 몇 달 뒤 그의 사업은 눈부시게 성장하기 시작했다.

1999년 초 내가 스튜어트를 만났을 때, 그는 현재 사업의 50퍼센트는 그가 롱아일랜드 광고 클럽에서 만난 사람들 덕분에 이뤄진 것이라고 말했다. 그는 효과적인 네트워크를 구축할 경우 단기간에 엄청난 성과를 얻을 수 있음을 보여주는 전형적인 사례다.

3. 자신의 네트워크에 속한 사람들을 위해 봉사한다

네트워크를 구축하고 그로부터 혜택을 얻고자 할 때 '남을 돕는 것'은 굉장히 중요한 역할을 한다. 여러분은 항상 '남이 내게 어떤 이득을 줄까'가 아니라 '내가 남에게 무엇을 줄 수 있을까'를 생각해야 한다. 여러분이 주는 사람이 아니라 받기만 하는 사람이라는 인상을 남기면 사람들은 여러분을 도와주려 하지 않을 것이다.

남을 위하는 것, 나아가 남에게 주는 것이야말로 여러분이 혜택을 누리는 최상의 방법이다. 그러면 여러분은 네트워크에 속한 다른 사람들에게 무엇을 주어야 할까?

> 받기만 하는 자는
> 아무것도 얻을 수 없다.
> 주어야 얻는다.
>
> – 유진 벤지(Eugene Benge)

우선 사업 파트너나 잠재고객을 소개해주는 것부터 시작하라. 그리고 네트워크에 속한 사람들이 관심을 보이는 분야의 기사와 정보를 모두 모아라.

나는 '네트워크 구축' 하면 마크 르블랑(Mark Leblac)이 떠오른다. 마크는 사업을 확장하고 싶어 하는 사업가나 보다 많은 상품 및 서비스를 판매하려 하는 세일즈맨에게 연설을 하는 사람으로 그는 자신의 네트워크를 효과적으로 구축했다.

사실 나는 마크에게 많은 사람을 소개해주었다. 그 이유가 궁금하지 않은가? 왜냐하면 서비스 정신이 몸에 밴 그가 재능을 갖췄고 무엇보다 내게 힘을 주었기 때문이다. 특히 그는 내 사업을 도와주기 위해 기꺼이 자신의 일을 희생하기도 했다.

마크 역시 자신의 네트워크에 속한 사람들 중에서 내게 도움이 될 만한 사람들을 소개해주었다. 그뿐 아니라 그의 연설을 듣기 위해 온 청중에게 내가 만든 상품들을 많이 나눠주었다. 내가 볼 때 마크야말로 남에게 주고, 주고, 또 주는 사람이다. 그래서 그런지 사람들은 누구나 마크를 도와주고 싶어 한다. 이는 그의 사업이 나날이 번성하는 이유이기도 하다.

성경에 나오는 다음의 구절은 정말 맞는 말이다!

"주어라. 그러면 너희도 받을 것이다."

소개와 추천

4. 사람을 소개할 때는 자신의 이름을 건다

누군가의 만남을 주선할 때는 양쪽 다 여러분을 소개해준 사람으로 기억한다는 사실을 잊지 않아야 한다. 예를 들어 여러분이 존 스미스를 제인 존스에게 소개해준다고 가정해보자. 여러분은 아마 존에게 이렇게 말할 것이다.

"제인에게 전화해서 제가 소개해주었다고 말하세요."

어떤 경우에는 여러분이 직접 제인에게 전화를 걸어 존이라는 사람이 그녀에게 전화를 할 거라고 미리 알려주기도 한다.

이렇게 서로를 소개해준 뒤에는 다시 제인과 만나거나 대화하게 되었을 때 존이 전화를 했는지, 이후에 어떻게 되었는지 물어보라. 여러분이 제인을 마음으로 보살피고 있으며 그녀의 사업이 성장하도록 돕고 싶어 한다는 확신을 갖게 하려면 이처럼 지속적인 관심을 기울여야 한다.

5. 신중히 선택하되 모든 지인을 소개하려 하지 않는다

여러분의 네트워크에 속한 사람들의 시간을 존중하라. 자격이 없는 사람을 소개해주는 것은 결국 여러분 자신에 게도 좋지 않은 영향을 끼친다. 어떤 사람을 소개해주는 것이 여러분의 네트워크에 속한 사업 파트너에게 정말로 도움이 될 만한 일인지 자기 자신에게 물어보라. 여러분이 남에게 무언가를 제공할 때 중요한 것은 질이지 양이 아니다.

서로 간의 의사소통

6. 남의 이야기를 잘 들어준다

계속 자기 자신과 자신의 사업 얘기만 할 뿐 정작 여러분에게는 별로 관심이 없는 사람과 대화해본 적이 있는가? 누구나 한 번쯤은 오로지 자신에게만 관심이 있는 사람을 만난 적이 있을 것이다. 이런 사람은 정말 돕고 싶은 마음이 생기지 않는다. 그렇지 않은가?

여러분이 남의 도움을 외면하고 싶은 게 아니라면 대화를 나눌 때 다른 사람들의 관심사를 끌어내는 데 초점을 맞춰야 한다. 그들의 직업이나 관심사에 관해 이야기를 나눠

라. 그러면 그들은 여러분을 배려할 줄 알고 다정하며 현명한 사람으로 여길 것이다. 결국에는 여러분 자신에 관한 이야기를 할 기회도 얻을 테니 걱정하지 마시라. 이것은 세계적인 초베스트셀러 《인간관계론》의 저자 데일 카네기(Dale Carnegie)의 101 법칙에 들어 있는 것인데, 그 효과는 정말 굉장하다!

7. 종종 사람들에게 전화를 걸어 신경 쓰고 있음을 보여준다

어느 날 갑자기 누군가가 여러분에게 전화를 걸어 "이봐, 그냥 생각이 나서 전화했어. 어떻게 지내나?"라고 물으면 어떤 기분이 들까? 아마 날아갈 듯이 기분이 좋을 것이다. 그렇다면 그런 전화를 기다릴 게 아니라 우리가 더 자주 전화를 거는 것은 어떨까?

사람들에게 자주 전화를 해서 그들이 어떻게 지내는지 물어보고 여러분의 지지와 격려를 보내주는 것을 습관화하라. 그것은 여러분이 그런 대접을 받고 싶다는 무언의 신호이자, 여러분이 그들에게 관심을 기울이고 있음을 보여주는 몸짓이기도 하다.

매년 12월이 되면 나는 수화기를 들고 오랫동안 소식을 전하지 못한 고객들에게 전화를 한다. 그중에는 몇 년 동안 내게 아무것도 주문하지 않은 사람도 많이 있다.

그저 안부를 묻기 위한 전화이므로 통화 분위기는 매우 즐겁고 유쾌하다. 나는 절대로 그들에게 무언가를 팔려고 노력하지 않는다. 다만 과거에 내게 도움을 주어 감사하다는 말을 전하고 그들이 개인적, 사업적으로 어떻게 지내는지 궁금해 하며 질문할 뿐이다. 그러다가 상대방이 주문을 하면 그야말로 금상첨화다!

물론 상대방이 주문하지 않아도 괜찮다!

그런데 해가 갈수록 그런 안부 전화를 나누던 중에 내게 점점 더 많은 주문이 들어오고 있다. 그들은 이렇게 말한다.

> 남이 성공하도록 도와주면 가장 크게, 가장 빨리 성공할 수 있다.
>
> – 나폴레온 힐

"애티튜드 이즈 에브리싱 핀을 좀 주문해야겠네."

"우리 회사에서 6개월 동안 세일즈 미팅을 할 예정인데 당신이 와서 강연을 해주었으면 하더군요."

오해하지 마시라. 결단코 그건 내 교묘한 판매 전략이 아니다. 나는 사람들이 내게 주문해주기를 바라면서 전화를 건 적이 없다. 정말로 그들이 어떻게 지내는지 궁금할 뿐이며 주문은 그들에게 연락을 했다가 우연히 얻은 부산물에 불과하다.

8. 매일 사람들을 만나는 기회를 이용한다.

우리는 어디서든 마음만 먹으면 좋은 관계를 맺을 수 있다. 헬스클럽에서 운동을 하든 아니면 마트 계산대 앞에서 줄을 서고 있든 기회는 있게 마련이다. 우연한 기회에 어떤 중요한 관계가 형성될지 누가 알겠는가.

　나는 주말마다 체육관에 가는데 항상 '애티튜드 이즈 에 브리싱' 티셔츠를 입는다. 그리고 운동을 하다가 누군가가 티셔츠에 대해 물어보면 내가 하는 일을 알려준다.

9. 영향력 있는 사람뿐 아니라 모든 사람을 소중히 대한다

　속물처럼 굴지 마라. 여러분이 만나는 사람이 사장이든 아니든 그들 중 누군가는 여러분이 제공하는 제품 및 서비스를 통해 혜택을 볼 수 있을 것이다. 그러므로 모임이나 파티에서 누군가와 얘기를 나눌 때는 그에게 아낌없이 관심을 보여야 한다.

　부탁하건대 더 중요한 사람을 찾느라 고개를 두리번거리지 않겠다고 내게 약속하라. 나는 그런 사람들을 만나면 정말 안타깝다. 여러분이 누군가와 얘기를 나누고 있는데, 그가 저쪽에서 여러분보다 더 중요하다고 생각하는 사람을 찾아낼 경우 어떤 일이 벌어지는가? 그는 더 이상 여러분의 얘기를 듣지 않고 그에게로 가기 위해 서둘러 얘기를 끝내거나 심지어 그냥 획 가버린다. 그때의 심정을 이해한다면 여러분은 그런 짓을 하지 마라. 여러분이 만나는 모든 사람을 존중해야 한다.

10. 모임이나 세미나에 가면 다른 사람들을 만나는
습관을 들인다

모임에 갈 때마다 늘 같은 사람들하고만 어울리지 마라. 잠깐 동안 여러분의 친구들과 얘기를 나누는 것은 괜찮지만 더 큰 것을 얻으려면 새로운 사람들과 어울리려 노력해야 한다.

1994년, 나는 전국 연설가연합회의 정기모임에 참석하기 위해 워싱턴에 갔다. 점심시간이 되었을 때 나는 친구들과 함께 앉는 대신 내가 모르는 사람들이 앉아 있는 테이블에 가서 앉았다. 그 테이블에는 조앤 버지라는 여성이 앉아 있었고 우리는 자연스럽게 대화를 나누기 시작했다. 그녀는 행정 관료들을 위해 훌륭한 연수 프로그램을 제공하는 다이내믹스사를 운영한다고 했다. 그 자리에서 나는 조앤 역시 '모든 것은 자세에 달려 있다'고 굳게 믿는 사람이라는 것을 알았다!

더 중요한 것은 그 이후의 일이다.

지난 20여 년 동안 조앤은 '애티튜드 이즈 에브리싱' 핀을 주문해 그녀의 연수 프로그램에서 나눠주었다. 더구나 가끔 조앤이 그녀의 프로그램에서 내가 쓴 글을 전시해 내게 수만 달러짜리 일이 들어오기도 했다. 조앤과 나는 지금도 좋은 친구로 지내고 있다!

나는 그날 내가 친구들과 한 테이블에 함께 앉지 않은 것을 무척 다행으로 여기고 있다. 만약 그랬다면 엄청난 기회를 놓쳤을 게 아닌가.

11. 기꺼이 안전지대를 벗어난다

만약 누군가에게 여러분을 소개하고 싶은 마음이 간절하다면 그냥 그렇게 하라. 때론 그 사람이 굉장히 중요한 사람이라서 혹은 너무 바쁜 사람이라서 여러분과 대화할 시간이 없을까 봐 주저할 수도 있다. 설령 긴장이 되더라도 마음이 원하는 대로 하라. 망설이지 말고 그에게 연락을 하라. 일단 연락을 취하면 마음이 한결 편안해질 것이다.

12. 자신이 원하는 것을 요구한다

여러분이 남을 도와주면 다음에는 여러분이 도와달라고 요구할 수 있다. 도움을 요청하는 것을 부담스러워할 필요는 없다. 수줍어하지도 마라. 여러분이 최선을 다해 네트워크에 속한 사람을 도왔다면 그들 역시 기꺼이 여러분에게 호의를 베풀 것이다.

후속 지원

13. 누군가를 처음 만난 뒤에는 즉각 메모를 보낸다

예를 들어 저녁식사 모임에 참석했다가 새로 누군가를 만났다고 해보자. 그러면 가능한 한 빠른 시간 내에 그를 만나서 매우 즐거웠다는 내용의 편지를 보내는 것이 좋다. 그 안에 여러분이 가진 자료나 상대가 관심을 보일 만한 정보를 넣는 것도 바람직하다. 그리고 그를 위해 여러분이 해줬으면 하는 일이 무엇인지 물어보라.

반드시 처음 만난 지 48시간 이내에 보내야 한다. 그 사람의 기억 속에 여러분이 생생하게 남아 있을 때 보내야 효과가 크기 때문이다.

14. 힘찬 강의 혹은 훌륭한 글이었음을 인정한다

여러분이 아주 흥미로운 연설을 들었거나 굉장한 글을 읽었다면 그 연설가나 작가에게 편지를 보내 유익한 연설 혹은 유익한 글이었다고 해보라. 그를 통해 많은 것을 배웠다고 첨부하면 더욱 좋다. 이런 일에 시간을 투자하는 사람은 백 명 중 한 명꼴인데, 바로 여러분이 그 한 명이 되도록 하라.

> 당신이 만나는 모든 사람을 존엄과 존경으로 대하라.
>
> – 제프 켈러

그렇다고 연설가나 작가는 당연히 존중받을 만한 가치

가 있는 사람이라는 얘기를 하려는 것이 아니다. 중요한 사실은 연설가나 작가들 중에는 다양한 직업에 종사하는 사람들로 구성된 거대한 네트워크에 속한 사람이 많다는 점이다. 따라서 그들과 인간관계를 맺으면 덕분에 여러분도 그 네트워크 안으로 들어갈 수 있다.

15. 도움을 받으면 감사를 표한다

가령 누군가를 소개받거나 도움이 되는 자료를 받았다면 감사하다는 메시지를 보내거나 전화를 해서 감사를 표시해야 한다. 특히 더 많이 소개받거나 더 많은 자료를 받고 싶을 때는 반드시 감사하다는 인사를 해야 한다. 여러분이 감사하다는 표현을 충분히 하지 않으면 앞으로 상대방이 여러분을 도와주려 하지 않을 것이기 때문이다

16. 축하 카드나 편지를 보낸다

여러분의 네트워크에 속한 사람 중 누군가가 승진을 하거나 상을 받으면 혹은 누군가에게 축하할 일이 생기면 짧게 축하 메시지를 보내는 것이 좋다. 사람은 누구나 다른 사람에게 인정받는 것을 좋아하지만, 정작 그런 일에 시간을 투자하는 사람은 많지 않다. 이는 역으로 여러분이 보다 사려 깊게 행동할 경우 다른 사람보다 여러분이 훨씬 더 돋보일 수 있음을 의미한다. 가족 중 누군가를 잃은 사람에게 위로 카드를 보내는 것도 바람직하다.

네트워크 구축하기

앞에서 설명한 네트워크를 구축하는 방법은 그저 빙산의 일각에 불과하다. 다양한 경험을 통해 여러분 스스로 신선한 아이디어를 내놓을 수 있어야 한다. 그런 아이디어를 어떻게 찾아내느냐고? 우선 도서관이나 서점을 충분히 활용하라. 찾으려고만 한다면 네트워크 구축에 관한 훌륭한 책을 얼마든지 찾을 수 있을 것이다. 다른 사람들이 어떻게 하는지 잘 살펴보고 그들의 뛰어난 아이디어를 적절히 응용하도록 하라.

한 가지 기억해야 할 것은 네트워크를 구축하는 데는 많은 시간이 걸리고 또한 당장 눈에 띄는 결과를 얻기도 힘들다는 점이다. 분명히 말하건대 인내심이 필요하다! 인간관계를 탄탄하게 다지고 그것을 계속해서 넓혀 나가야 한다. 커다란 보상을 받고자 한다면 반드시 그만한 노력을 기울이는 것이 마땅하다.

마지막으로 강조하고 싶은 말은 훌륭한 네트워크를 구축하는 스킬만으로는 여러분이 속한 분야에서 최고가 될 수 없다는 점이다. 설령 여러분이 굉장히 사교적인 사람일지라도 그 재능을 열심히 갈고닦으며 꾸준히 배우려 노력하지 않으면 실망스런 결과만 얻을 것이다.

이제 앞으로 나아가라! 네트워크를 구축하는 스킬을 습득해 그것을 당장 실천에 옮겨야 한다 여러분이 네트워크

에 속한 사람들을 도와주고 네트워크를 확장하는 일에 전
념하라. 그러면 여러분은 여러분이 성공하는 것을 도와줄
탄탄한 네트워크를 구축할 수 있다.

자세를 바꾸면 인생이 달라진다

환경을 바꾸려면 먼저 생각을 바꿔라.

- 노먼 빈센트 필

2006년 7월 28일 애틀랜타 조지아.

나는 짐 론(Jim Rohn)과 밥 프록터(Bob Proctor)를 비롯해 자기계발 분야의 최고 강사들이 연사로 참여하는 대형 세미나에서 강연을 했다. 그날 나는 애틀랜타에서 온 수백 명 앞에서 자기계발 분야의 '전설'과도 같은 인물들과 함께 강연을 한 것이다. 짐 론과 밥 프록터는 40여 년간 전 세계 수백 명 앞에서 강연을 한 명연설가들이다.

모두가 세미나장을 떠난 후 나는 내 물건들을 챙기다가 문득 고개를 돌려 텅 빈 세미나장을 둘러보았다. 갑자기 나

는 부정적이고 의기소침한 자세로 서재에 앉아 있던 1985
년의 내 모습을 떠올렸다. 당시 짐 론과 밥 프록터의 라디오
프로그램을 막 듣기 시작한 내가 20여 년의 세월이 흐른 뒤
그들과 함께 무대에 오르는 영광을 누리면서 감회가 남달
랐던 것이다.

나는 혼자 생각했다.

'내가 어떻게 이토록 변화할 수 있었을까?'

그때 내 귓가에 크고 분명하게 대답이 들려왔다.

'그 모든 것이 내가 자세를 바꾼 덕분이다!'

자세를 바꾸는 순간 열정의 불꽃이 튀기 시작한다. 더불
어 여러분의 눈앞에 새로운 가능성이 펼쳐지면서 활력이
넘친다. 그다음엔 행동하는 것만 남는다. 여러분이 목표 달
성을 위해 행동하면 아주 특별한 결과를 얻을 수 있다. 사람
들이 흔히 "자세를 바꾸면 인생이 달라진다"고 말하는 이
유가 바로 여기에 있다.

그렇다고 내가 지난 20여 년 동안 성공만 거둔 것은 아
니다. 내가 성공만 했다고 말한다면 그건 여러분을 속이는
짓이다. 나 역시 내게 주어진 패배와 걸림돌의 몫을 참고 견
뎌야 했다. 그러나 이 책에서 설명한 성공 규칙들이 내게 용
기를 주었고 앞으로 나아가도록 안내자 역할을 하면서 힘
을 주었다.

당신의 인생을 스스로 컨트롤하라

시간을 투자해 이 책을 읽은 여러분에게 박수를 보낸다. 그것은 여러분이 자신의 잠재력을 계발하는 데 진정으로 관심이 있음을 보여주는 증거다. 하지만 이 책을 읽는 것은 여러분이 원하는 인생을 살아가기 위해 필요한 1단계 행동에 지나지 않는다.

여러분의 인생에 커다란 변화를 불러일으키고 무언가를 창조하는 길에 올라서려면 '성공 규칙'에 초점을 맞추고 그에 상응하는 행동을 해야 한다. 아마 여러분은 '전체 인구의 5퍼센트만 커다란 성공을 거둔다'는 통계를 본 적이 있을 것이다. 왜 그런 결과가 나온 것일까? 나 역시 그것이 궁금해서 지난 20여 년 동안 연구를 했고 결국 다음의 사실을 확신하게 되었다.

> 당신이 만나는 모든 사람을 존엄과 존경으로 대하라.
>
> – 도로시아 브랜드
> (Dorothea Brande, 미국의 작가)

● 이 책에서 설명하는 성공 규칙을 매일 적용하는 사람이 드물다.
● 자신의 생각이 현실화될 것임을 알고 늘 긍정적인 자세를 유지하는 사람이 드물다.
● 새로운 것에 도전할 때의 두려움에 맞서서 잠재력을 계발하는 사람이 드물다.
● 먹구름 속에서 밝은 태양을 찾으려 하는 사람이 드물다.
● 어떤 일에 전념해 긍정적인 자세로 끈기 있게 노력하는 사람이 드물다.

부디 여러분은 그 드문 사람 가운데 한 명이 되길 바란다.

여러분에게는 여러분이 꿈꾸는 것 이상의 사람이 될 가능성이 충분히 있다. 여러분의 내면에는 무궁무진한 잠재력이 있으며 그 문을 열어줄 열쇠는 바로 '긍정적인 자세'다.

나는 자세를 바꾼 덕분에 인생을 바꿀 수 있었다. 내가 더 나은 자세를 습관화해 큰 효과를 보았다면 여러분도 그렇게 할 수 있다.

마지막으로 댈러스 신학교 총장 찰스 스윈돌(Charles Swindoll)이 한 말을 여러분에게 전하고 싶다. 그는 자세가 얼마나 중요한지, 그것이 우리 삶을 어떻게 지배하는지 잘 표현하고 있다.

"세월이 더해갈수록 나는 자세가 삶에 미치는 영향력을 더 깊이 깨닫는다. 내게 자세는 사실보다 더 중요하다. 자세는 과거보다, 교육보다, 돈보다, 환경보다, 실패보다, 성공보다, 남들의 생각이나 말보다, 남들의 행동보다 훨씬 더 중요하다. 자세는 외모보다, 재능이나 기술보다 더 중요하다. 그것은 회사와 교회, 집을 흥하게도 하고 망하게도 한다.

더욱더 놀라운 사실은 우리에게 매일 자세를 선택할 선택권이 있다는 점이다. 우리는 과거를 바꿀 수 없다. 다른 사람들이 어떤 특정한 방법으로 행동하는 것을 바꿀 수 없다. 우리에게 필수불가결한 것을 바꿀 수 없다. 우리가 할 수 있는 일은 오로지 우리가 가진 줄 위에서 노는 것이며, 그 줄은 바로 우리의 자세다.

인생의 10퍼센트는 우리에게 일어나는 일로 채워지고 나머지 90퍼센트는 그 일에 대한 우리의 반응으로 채워진다. 이것은 당신도 마찬가지이며 우리의 자세에 대한 책임은 우리에게 있다."

그야말로 위력적인 말이 아닌가? 찰스 스윈돌이 제안한 대로 여러분이 가진 줄 위에서 놀도록 하라. 그것은 바로 여러분의 자세다.

이제 여러분은 자신의 자세를 스스로 컨트롤하며 인생에서 기적을 창출해야 한다.

여러분 자신의 힘을 믿고 앞으로 나아가라. 용기와 끈기를 갖고 꿈을 추구하라. 무엇보다 '모든 것은 자세에 달려 있다'는 사실을 결코 잊지 마라.

여러분의 인생에 신의 가호가 있기를!

모든 것은 자세에 달려 있다.

1판 1쇄 찍음 2015년 5월 8일
1판 7쇄 펴냄 2024년 1월 10일

지 은 이 제프 켈러
옮 긴 이 김상미
펴 낸 이 배동선
　　　　　마케팅부/최진균

펴 낸 곳 아름다운사회
출판등록 2008년 1월 15일
등록번호 제2008-1738호
주　　소 서울시 강동구 양재대로 89길 54 202호(성내동) (우: 05403)
대표전화 (02)479-0023
팩　　스 (02)479-0537
E-mail assabooks@naver.com

ISBN : 978-89-5793-185-1 03320

값 7,500원